György Shimon

História económica do socialismo albanês

György Shimon

História económica do socialismo albanês

Origens, desenvolvimento, resultados

ScienciaScripts

Imprint

Any brand names and product names mentioned in this book are subject to trademark, brand or patent protection and are trademarks or registered trademarks of their respective holders. The use of brand names, product names, common names, trade names, product descriptions etc. even without a particular marking in this work is in no way to be construed to mean that such names may be regarded as unrestricted in respect of trademark and brand protection legislation and could thus be used by anyone.

Cover image: www.ingimage.com

This book is a translation from the original published under ISBN 978-620-7-46341-1.

Publisher:
Sciencia Scripts
is a trademark of
Dodo Books Indian Ocean Ltd. and OmniScriptum S.R.L publishing group

120 High Road, East Finchley, London, N2 9ED, United Kingdom
Str. Armeneasca 28/1, office 1, Chisinau MD-2012, Republic of Moldova, Europe

ISBN: 978-620-8-30377-8

Copyright © György Shimon
Copyright © 2024 Dodo Books Indian Ocean Ltd. and OmniScriptum S.R.L publishing group

Conteúdo

INTRODUÇÃO 3
Capítulo I 5
Capítulo II 26
Capítulo III 36
Capítulo IV 72
Capítulo V 83
Capítulo VI 86
Capítulo VII 96
Capítulo VIII 105
CONCLUSÃO 107
Explicações metodológicas 111
Lista dos principais dirigentes da Albânia de 1912 a 1992. 113
Fontes e literatura utilizadas 116

György Šimon Jr. **História económica do socialismo albanês. Origens, desenvolvimento, resultados**
Na segunda metade do século XX, surgiu um bloco de países socialistas sob a liderança da URSS, que existiu durante mais de quatro décadas. A maior parte deles seguiu mais ou menos o modelo soviético de construção socialista. A Albânia declarou a sua independência da Turquia otomana em 1912. Após a Primeira Guerra Mundial, 1914-1918, um breve período de democracia parlamentar foi substituído por uma ditadura feudal-burguesa aberta. Durante a Segunda Guerra Mundial de 1939-1945, a Albânia foi ocupada pelo Império Albanês. A Albânia foi ocupada pela Itália fascista e, mais tarde, pela Alemanha nazi. Tendo efectuado de forma independente uma revolução democrática popular durante a luta de libertação, os comunistas albaneses seguiram posteriormente uma linha marxista ortodoxa. A sua política conduziu ao aparecimento de um modelo de socialismo ultra-estalinista baseado na autarquia económica. No plano das relações internacionais, a Albânia orientou-se inicialmente para a Jugoslávia (1944-1948), depois para a URSS (1948-1961) e, por fim, para a China (19611978). Na fase final, os dirigentes albaneses adoptaram uma política de autossuficiência (1978-1992), que acabou por conduzir ao colapso do regime.
Categoria: economia política
Palavras-chave: história económica, sistemas económicos alternativos, construção socialista e suas condições prévias, Europa do Sudeste, Albânia

INTRODUÇÃO

Relevância do tema. A atual crise mundial pôs efetivamente em causa o destino da integração europeia. Além disso, há sinais de aproximação de uma guerra civil no principal país do capitalismo moderno - os Estados Unidos da América, onde os guardas florestais locais do estado do Texas expulsaram, sem precedentes, guardas fronteiriços federais.[1] Estes e outros processos obrigam-nos a repensar a experiência histórica do sistema mundial do socialismo. Passaram cerca de trinta anos desde que uma das consequências da maior catástrofe geopolítica do século XX foi o colapso do primeiro Estado operário do planeta. - Como consequência da maior catástrofe geopolítica do século XX, o colapso da URSS, o primeiro Estado operário e camponês do planeta, a construção socialista na Albânia, que ocupava um lugar único entre os países da Europa de Leste e criava um modelo ultra-estalinista de socialismo, foi interrompida ao fim de mais de quatro décadas. Em 1990, este pequeno país dos Balcãs representava apenas 0,0093% do PIB mundial e 0,015% da produção industrial mundial, enquanto as quotas respectivas da URSS nestes agregados eram de 3,4 e 3,8%, e dos EUA de 25,9 e 22,0% (ver: Kushnir 2022).

A Albânia, sendo o país menos desenvolvido da Europa entre as duas guerras mundiais, após a libertação da ocupação ítalo-alemã, seguiu inicialmente a política jugoslava (1944-1948). Desde que Enver Hoxha tomou o partido soviético no conflito de 19481953 entre Estaline e Broz Tito, a Albânia aderiu à comunidade socialista liderada pelos soviéticos. A aproximação de E. Hoxha a Mao Zedong determinou a orientação subsequente da Albânia para a República Popular da China (1961-1978). Por último, prevaleceu uma política de completo auto-isolamento na liderança do país, que culminou no colapso da versão albanesa do estalinismo no início da década de 1990.

O objetivo deste artigo é identificar e estudar as condições prévias e as regularidades da construção socialista na Albânia, bem como as razões do fracasso deste processo. Para atingir este objetivo, o autor: (1) analisa o sistema económico, (2) investiga o impacto das mudanças sistémicas no desenvolvimento económico e descreve as suas regularidades gerais, (3) revela as causas económicas do colapso do socialismo na Albânia.

Assim, o objeto do estudo abrange uma série de problemas relacionados com a teoria e a prática da construção socialista no NSRA. A base teórica e

---

[1] Este acontecimento recordou ao autor a expulsão de unidades do Exército Popular Jugoslavo da Eslovénia pelas forças de defesa territorial durante a dissolução da SFRY no verão de 1991.

metodológica do estudo é constituída principalmente pelas publicações oficiais e outros materiais do NSRA e da ANT. Na preparação deste trabalho, o autor também se baseou em monografias e artigos dedicados às questões da prática socialista no NSRA. Várias publicações estatísticas, livros de referência e bases de dados do NSRA, URSS, Federação Russa, CMEA, FMI, BIRD, ONU e FAO foram utilizados como fontes de material factual.

O grau de desenvolvimento e a novidade científica do tema. O objeto de análise dos estudos publicados por vários autores sobre os problemas da construção do socialismo é, na sua maioria, representado apenas por aspectos individuais deste processo. No que diz respeito à Albânia, o autor tenta pela primeira vez, após ter descrito as condições prévias, ligar os aspectos políticos e económicos de cerca de quatro décadas do seu desenvolvimento socialista no quadro de uma abordagem global.

Embora o presente trabalho seja dedicado às questões da história económica do socialismo, o seu significado prático consiste, em primeiro lugar, na utilização de materiais obtidos como resultado da investigação científica para o desenvolvimento de recomendações práticas para reformas económicas em Estados modernos onde ainda existem regimes comunistas (China, Vietname, Laos, Coreia do Norte, Cuba).

Capítulo I
Albânia feudal-burguesa
(1912-1939)
§ 1 Independência e Principado da Albânia

A Albânia ocupa, em muitos aspectos, um lugar especial na Península dos Balcãs e, por conseguinte, não pode ser comparada a nenhum dos seus vizinhos. Do ponto de vista geográfico, a importância estratégica deste país reside na sua localização ao longo do estreito de Otranto, que liga os mares Adriático e Mediterrâneo. [2] Até hoje, este país balcânico caracteriza-se pela preservação da antiga organização tribal indo-europeia, pela herança feudal islâmica de mais de quatro séculos de domínio otomano-turco (1478-1912), bem como pela preservação de costumes antigos, religiosidade, isolacionismo e relativo atraso socioeconómico. As tradições de autoritarismo e de liderança política ditatorial são ainda fortes na Albânia.[3]

A independência da Albânia foi preparada pelo *Renascimento* Nacional Albanês (Albanian *Rilindja*, ou Rilindja Kombetare), que durou desde a década de 1830 até às Guerras dos Balcãs de 1912-1913, e que foi fortemente estimulado pelas actividades da *Liga de Prizren* (oficialmente "Liga para a Defesa dos Direitos da Nação Albanesa") (1878-1881) (ver nair: Arsh et al. 1992, 170-198). A luta armada do povo albanês contra o domínio turco-otomano em 1910-1912 e a guerra ítalo-turca de 1911-1912 mostraram a fraqueza do Império Otomano aos seus vizinhos dos Balcãs, que decidiram dividir entre si as suas possessões europeias. Em agosto de 1912, o rei *Nikola I Petrovic* do Montenegro convidou o líder do movimento nacional albanês, *Ismail* a *Kemali* (Ismail Kemal bey Vlora), a deslocar-se a Cetinje para discutir as condições de adesão dos albaneses aos aliados dos Balcãs. Uma vez que não era possível qualquer forma legal de propaganda ou de atividade organizativa no interior da Albânia, a campanha pela independência da Albânia foi lançada no estrangeiro. A convite do político romeno *Take Ionescu* e da Rainha Isabel, os representantes das organizações de emigrantes albaneses reuniram-se em Bucareste, em 5 de novembro de 1912. Decidiram

---

[2] Os albaneses são um dos povos mais antigos da Europa, descendentes de tribos ilíricas. Este facto é indicado, nomeadamente, por Marmullaku 1975, Logoreci 1977 e Pollo et al. 1981.
[3] Até meados do século XX, as contradições regionais desempenharam um papel importante na vida pública. Acreditava-se que os dialectos Gegha e Tosk da língua albanesa dividiam o território do país ao longo do rio Shkumbin em Gheteria (Albânia do Norte) e Toskeria (Albânia do Sul). Durante o regime de Zogu (19241939), o dialeto Gegha teve a primazia. Mais tarde, durante a ditadura comunista (1944-1991), foi feita uma tentativa de criar uma língua literária padrão com base no dialeto Tusk. Como resultado, na segunda metade do século XX, a fronteira clara entre os dois dialectos desapareceu e o dialeto Tusk tornou-se a base da língua albanesa unificada em todo o lado (Smirnova 2003, 20).

realizar um congresso nacional na Albânia, que deveria eleger um governo provisório, e aprovaram o texto de um apelo às potências europeias exigindo o reconhecimento da autonomia da Albânia. Foram enviados emissários para a Albânia e I. Kemali, que se deslocou a Viena, assumiu a missão de porta-voz dos interesses de todos os albaneses no estrangeiro. A Áustria-Hungria e o seu principal aliado, a Alemanha, não estavam interessados no reforço da Sérvia e na criação de um corredor para o Mar Adriático, pelo que I. Kemali foi recebido favoravelmente em Viena. A Itália adoptou uma posição semelhante, planeando subjugar a Albânia à sua influência, a fim de "fechar" o Mar Adriático, transformando-o assim num "lago interior italiano".

Durante as guerras dos Balcãs, que começaram em outubro de 1912, as tropas gregas, sérvias e montenegrinas invadiram a Albânia e ocuparam a maior parte do país no início de novembro. Em 18 de novembro, um grupo de patriotas albaneses apresentou aos representantes diplomáticos em Istambul o "Apelo do Povo Albanês às Grandes Potências", que exprimia a sua determinação em lutar para "garantir ao povo albanês a sua existência étnica e política". Um dia depois, em Trieste, antes de partir para a Albânia num barco a vapor fornecido pelo governo austríaco, I. Kemali declarou que "imediatamente após a sua chegada à Albânia, seria proclamada a independência e eleito um governo provisório". Inicialmente, o Congresso Albanês deveria ter-se realizado em Durres. Como a costa estava bloqueada pela marinha grega, o desembarque da pequena "caravana da independência" foi efectuado secretamente, a partir de um pequeno barco. No entanto, depressa se soube que o prefeito

Durresa recebeu uma ordem de prisão de I. Kemali, pelo que foi obrigado a abandonar imediatamente a cidade. Depois de ter esperado um dia na propriedade de um conhecido do Bey, viajou à volta até Vlora. Em Fiera, encontrou-se com delegados kosovares que se dirigiam ao Congresso Albanês e, à sua chegada a Vlora, soube que, entre 25 e 27 de novembro, a população de várias cidades da Albânia Central - Tirana, Elbasan, Kavaja, Lushni e Durres - tinha declarado o seu apoio à independência.

O Congresso de toda a Albânia teve início em Vlora, em 28 de novembro de 1912. Como nem todos os delegados convidados tinham podido deixar as zonas aliadas dos Balcãs quando o Congresso começou, 37 delegados participaram na sessão plenária, mas no final o número já tinha ultrapassado os 50. Tratava-se de delegados muçulmanos, ortodoxos e católicos que representavam a aristocracia feudal-tribal, o campesinato rico e os intelectuais. I. Kemali foi eleito por unanimidade presidente da Assembleia

Nacional e, nas primeiras horas dos seus trabalhos, foi proclamada a independência da Albânia. *A Declaração de Independência da Albânia* foi assinada por 83 pessoas, entre as quais *Ahmet Zogu, Lef Nosi* e o tio de Enver Hoxha, *Hüsen Hoxha* (ver: Declaração de Independência da Albânia 2019).
No mesmo dia, as cidades de Berat, Delvina, Permet, Gjirokastra e várias outras manifestaram a sua solidariedade com esta declaração. Após a sua adoção, os delegados iniciaram a formação de um governo e de uma comissão cuja missão consistia em proteger os interesses da Albânia no estrangeiro. Em 4 de dezembro, foi aprovada a composição do *Governo Provisório da Albânia, chefiado por I. Kemali* como presidente e Ministro dos Negócios Estrangeiros (de facto desde 29 de novembro), tendo sido eleitos 18 membros do Conselho de Anciãos sob a presidência do Mufti *Vehbi Dibra*. O Conselho de Anciãos substituiu a Assembleia Nacional quando esta terminou em 7 de dezembro de 1912. No entanto, este órgão não tinha direito de iniciativa legislativa, limitando-se a tarefas de controlo e de aconselhamento junto do governo.
Entretanto, os exércitos da União dos Balcãs prosseguiram a sua ofensiva, pelo que o Governo Provisório da Albânia, chefiado por I. Kemali, após ter declarado a neutralidade do país, não pôde estender a sua autoridade a todo o território habitado pelos albaneses. Inicialmente, estendeu-se apenas à região de Vlora - o resto da Albânia estava sob o domínio de Porte ou era governada pela administração militar dos aliados dos Balcãs (Frasheri 1964, 163-164; Arsh et al. 1992, 233-235, 240; Smirnova 2003, 33-54).[4]
A decisão final sobre a questão albanesa foi tomada na Conferência de Embaixadores das Grandes Potências, que teve início em Londres em dezembro de 1912. *A Conferência de Embaixadores de Londres*, realizada em 29 de julho de 1913, após a retirada das tropas turcas, sérvias e montenegrinas do território da Albânia, reconheceu este país como um principado soberano, hereditário e constitucional. A sua independência, as suas fronteiras e a sua neutralidade foram garantidas pelas grandes potências. No entanto, o governo provisório não foi reconhecido pelos participantes na conferência, que decidiram colocar a Albânia sob a administração da *Comissão Internacional de Controlo* (CIC), composta por seis delegados da Áustria-Hungria, Grã-Bretanha, França, Alemanha, Itália e Rússia e um delegado da Albânia, representado por *Mufid Bey Libohova*. Os representantes da CBI chegaram à sua sede em Vlora em outubro de 1913.

---

[4] Ver também: Congresso da Albânia 2018, Kemali 2019.

Após a recusa da Suécia, foi confiada aos Países Baixos a tarefa de organizar a gendarmeria albanesa. Para além disso, as forças armadas do principado incluíam uma milícia popular, recrutada por decreto principesco para ajudar a gendarmeria a partir da população local, a fim de manter a ordem pública.

A Conferência dos Embaixadores delimitou as fronteiras setentrionais da Albânia em março de 1913, de tal forma que atribuiu *o Kosovo* e *a Macedónia Ocidental*, onde viviam 600 000 albaneses, à Sérvia. As fronteiras meridionais do país foram determinadas com base no *Protocolo de Florença de 17 de dezembro de 1913* por um tribunal arbitral internacional nomeado pela conferência. Por conseguinte, o *Épiro do Norte*, apesar das reivindicações territoriais do Governo grego, passou a fazer parte da Albânia independente. No entanto, uma minoria albanesa de 100.000 pessoas permaneceu no noroeste da Grécia, também chamada *Chameria*. [2]Assim, no final, **apenas metade dos territórios habitados por albaneses** - 28,7 mil quilómetros com 898 mil habitantes (1913, estimativa) - **passou a fazer parte do novo Estado** (Frascheri 1964, 168; Bolt e van Zanden 2020).

Entretanto, em abril de 1913, o rei Nicolau I de Montenegro ocupou Shkodra e, em 6 de maio, colocou-a sob a jurisdição das grandes potências. Em 14 de maio, um destacamento internacional de uma esquadra combinada da Grã-Bretanha, França, Alemanha, Áustria-Hungria e Itália desembarcou em Shkodra. A cidade foi colocada sob o controlo de uma comissão militar internacional chefiada pelo comandante da esquadra conjunta, o almirante britânico S. Burney. Burney.

Em setembro de 1913, eclodiu uma revolta nas regiões do Kosovo e da Macedónia habitadas por albaneses, sob os lemas da libertação nacional e da reunificação com a Albânia. A revolta foi brutalmente reprimida pelas tropas sérvias, que começaram a avançar para o interior da Albânia, com o objetivo de estabelecer uma nova "fronteira estratégica". O governo sérvio só foi obrigado a recuar após um ultimato emitido pela Áustria-Hungria em 18 de outubro de 1913.

Pouco antes, em 12 de outubro de 1913, os círculos feudais que se opunham ao programa democrático de Kemal Bey formaram em Durres o Conselho de Anciãos (Senado) da Albânia Central, presidido pelo Ministro do Interior, *Essad Pasha Toptani* (em funções desde junho de 1913). Esta autoproclamada *República da Albânia Central* recebeu, nomeadamente, o apoio da Sérvia. Simultaneamente, a Grécia estava relutante em retirar-se do Épiro do Norte ocupado, onde estava a estabelecer grupos armados anti-albaneses. Em dezembro de 1913, as grandes potências elegeram *Wilhelm Vid* como príncipe soberano da Albânia.

Entretanto, Kemal Bey tinha concluído um acordo secreto com a Turquia e a Bulgária (que se preparavam para se vingar), no qual estes dois Estados se comprometiam, em troca da livre passagem das suas tropas, a apoiar os esforços da Albânia para anexar o Kosovo. No entanto, os embaixadores austro-húngaro e alemão em Istambul divulgaram o conteúdo do acordo, que também chegou ao conhecimento do INC. Após o confisco do carregamento de armas turcas pela gendarmaria albanesa, sob o comando de oficiais holandeses, no porto de Vlora, a Assembleia Nacional e o Governo Provisório entregaram os seus poderes ao TPI em 22 de janeiro de 1914. Este último nomeou *Feizi Bey Alizoti* como presidente do Governo Central da Albânia. Em 12 de fevereiro, Essad Pasha demitiu-se também para chefiar uma delegação que ofereceu a coroa principesca a Wilhelm Wied. A oferta formal, aceite por Wilhelm, foi feita em 21 de fevereiro de 1914. 18 delegados de 18 distritos da Albânia.

Em 2 de março de 1914, o Congresso Grego Albanês de Gjirokastra proclamou a autonomia do Épiro do Norte e formou um governo provisório chefiado por *Georgios* om *Zografos*. Em 7 de março, o príncipe Wilhelm chegou a Durrës. Foram-lhe conferidos plenos poderes ao abrigo do "Estatuto Orgânico da Albânia", de 10 de abril de 1914, redigido pelo TPI. O Príncipe nomeou *Turhan Pasha Permeti* como Primeiro-Ministro e Toptani como Ministro da Guerra e Ministro do Interior. A composição do novo governo foi aprovada pela Assembleia Nacional convocada pelo INC. O Príncipe iniciou negociações com G. Zografos, que resultaram na assinatura do *Protocolo de Corfu* sobre a administração separada do Épiro do Norte, em 17 de maio de 1914, ratificado pela Assembleia Nacional Albanesa em 23 de junho.

Em meados de maio de 1914, com o apoio dos turcos, teve início uma revolta camponesa nas imediações de Shijak e Tirana contra Guilherme Vida, sob a liderança de Essad Pasha, que, no entanto, foi preso em Durres, a 19 de maio, pela gendarmaria albanesa, com a ajuda de um grupo de patriotas, e depois exilado em Itália pelo príncipe. No entanto, os rebeldes não baixaram os braços e elegeram como líder, em junho, um seguidor da seita muçulmana mendicante "Melami", *Kyamil Musa Hadjifeza* (também conhecido por Hadji Kyamili), que se opunha à propriedade privada (Frasheri 1964, 164-178; Arsh et al. 1992, 240-265; Smirnova 2003, 55-70).[5]

§2. a Albânia durante a Primeira Guerra Mundial

---

[5]Ver também: Governo Provisório da Albânia 2019, República da Albânia Central 2019.

Na Primeira Guerra Mundial, que teve início em agosto de 1914, o governo de Durrës, em conformidade com os acordos internacionais anteriores, declarou a neutralidade da Albânia, que, no entanto, não foi respeitada nem pela Entente nem pelas Potências Centrais. O território do país tornou-se o palco das hostilidades entre os dois blocos opostos.

Nesta altura, apenas Durres e Vlora estavam sob o controlo do gabinete de Permeti, tendo esta última sido capturada pelos rebeldes em 1 de setembro de 1914. O príncipe Wilhelm deixou a Albânia em 3 de setembro, mas não abdicou.[6]

Após a partida do príncipe, os rebeldes entraram em Durres e formaram imediatamente uma *comissão administrativa* presidida por Hadjifeza. Este órgão foi posteriormente substituído por um *Conselho Geral* presidido pelo proprietário turcófilo *Mustafa Bey Ndroka*. Essad Pasha, que regressou à Albânia em agosto com o apoio da Sérvia, proclamou-se Presidente do Governo Provisório e Comandante Supremo do Exército Albanês em Durres, em 5 de outubro de 1914, declarando guerra à Áustria-Hungria.

Em 27 de outubro de 1914, o primeiro-ministro grego *Eleftherios Venizelos* anunciou a entrada de unidades regulares do exército grego no sul da Albânia, incluindo Gjirokastra e Korca. O governo de G. Zografos foi dissolvido. Embora esta ocupação, por acordo com as Grandes Potências, fosse temporária, o governo grego estabeleceu a sua própria administração civil nas áreas ocupadas do território albanês. Além disso, foram eleitos para o parlamento grego deputados do Épiro do Norte provenientes dessas zonas. Em 30 de outubro de 1914. A Itália ocupou a ilha de Sazan e, em breve, Vlora. No final de novembro, os rebeldes orientados para a Turquia, que tinha entrado na guerra ao lado das Potências Centrais, marcharam nas proximidades de Tirana contra o governo de E. Toptani e rapidamente sitiaram Durres.

Em janeiro de 1915, os rebeldes adoptaram em Tirana um discurso (nota) dirigido às grandes potências, repetido em fevereiro e março, no qual exprimiam o seu apoio à neutralidade da Albânia. No entanto, em 26 de abril de 1915. A Grã-Bretanha, a França e a Rússia assinaram o *Tratado secreto de Londres* com a Itália, que se preparava para entrar na guerra ao lado da Entente, e que previa uma divisão quase completa da Albânia.

Albânia entre a Itália, a Sérvia, o Montenegro e a Grécia. A parte central da Albânia, com Durres como capital, deveria tornar-se um pequeno Estado

---

[6] O reinado do Príncipe Guilherme I terminou oficialmente na Albânia em 31 de janeiro de 1925 (ver: Principado da Albânia 2019).

neutro autónomo sob o protetorado italiano. Em maio, Haji Kiamili (Hadjifeza) foi nomeado comandante-chefe das forças rebeldes do Conselho Geral. Em 2 de junho de 1915, o exército sérvio atravessou a fronteira albanesa e, juntando as suas forças às do governo de Essad Pasha, esmagou uma revolta camponesa num espaço de semanas. Hadji Kiamili foi executado. A Sérvia ocupou toda a Albânia Central, incluindo Tirana. Em 27 de junho, as tropas montenegrinas ocuparam Shkodra e aí permaneceram durante seis meses.

Em outubro de 1915, após a entrada da Bulgária na guerra ao lado das Potências Centrais, o derrotado exército sérvio de duzentos mil homens iniciou a sua retirada através da Albânia para a ilha de Corfu, onde chegou em grande parte em meados de dezembro. Em janeiro de 1916. O Montenegro capitulou perante a Áustria-Hungria. Em 24 de fevereiro, o governo de E. Toptani deixou a Albânia com as últimas unidades sérvias. Este governo, reconhecido pelas potências da Entente como um aliado, foi colocado sob protetorado francês em Salónica.

No início de 1916, as tropas austro-húngaras, em perseguição dos sérvios e montenegrinos em retirada, capturaram parte da Albânia a norte de Vlora. As tropas búlgaras também entraram no país e ocuparam algumas das suas zonas orientais. No outono de 1916. Korca e a área circundante tornaram-se uma zona de ocupação francesa, enquanto as tropas italianas se instalaram no resto do sul da Albânia. Nesta altura, a frente entre a Entente e as Potências Centrais estabilizou na Albânia ao longo da linha Vlora-Berat-Pogradec, que se manteve inalterada até ao final da guerra.

A pedido dos patriotas albaneses, com base no protocolo de 10 de dezembro de 1916, o Distrito Autónomo de Korca foi formado sob o protetorado francês. Em janeiro de 1917, foi criada uma autonomia territorial albanesa em Shkodra, sob controlo austro-húngaro. Em 3 de junho de 1917, o comandante-chefe das tropas italianas, o general G. Ferrero, com quartel-general em Gjirokastra, proclamou toda a Albânia como um Estado independente sob o protetorado de Roma e declarou a sua neutralidade. Depois de a Grécia ter declarado guerra contra as potências centrais, o chefe da administração albanesa de Korchi, *Temistokli Germeni*, foi condenado e fuzilado em 9 de novembro de 1917 por um tribunal militar francês em Salónica, sob a acusação, fabricada pelos serviços secretos gregos, de contactos com a Áustria-Hungria e a Bulgária.

No verão de 1918, as tropas austro-húngaras iniciaram a sua retirada da Albânia e, em outubro, abandonaram finalmente o país. Quase todas as povoações que tinham deixado para trás foram ocupadas pelos italianos. A Itália alargou a sua zona de ocupação à parte central e parcialmente ao norte da Albânia. No sudeste, a região de Korca-Pogradec passou a fazer parte da zona de ocupação francesa. Parte do território albanês no nordeste foi ocupado pelas tropas sérvias. Um contingente militar internacional de britânicos, franceses e italianos foi novamente introduzido em Shkodra (Frasheri 1964, 178-185; Arsh et al. 1992, 266-277; Smirnova 2003, 70-82). Nesta cidade, o Comité de Defesa Nacional do Kosovo, ou *Comité do Kosovo,* foi formado em novembro de 1918, com *Kadri Hoxha* (Kadri Prishtina) à cabeça. Os seus membros mais proeminentes eram *Hasayi Bey Pristtija* e *Bajram Tsurri* (Vickers 1999, 91).

Durante a Primeira Guerra Mundial, a Albânia perdeu cerca de 70.000 pessoas devido à guerra, às epidemias e à fome, e a sua economia subdesenvolvida entrou ainda mais em declínio (Frasheri 1964, 185).

§3. restauração do Estado albanês

25 de dezembro de 1918. *O Congresso Nacional*, que elegeu mais de 50 delegados de todos os distritos da Albânia ocupada pelos italianos (com exceção do distrito de Vlora, onde não eram permitidas eleições), formou um *Governo Provisório em Durres*, chefiado por Turhan Pasha Permeti. Este último chefiou igualmente uma delegação encarregada de defender os interesses nacionais albaneses na Conferência de Paz de Paris (Arsh et al. 1992, 278).

Em 29 de julho de 1919, foi assinado em Paris um acordo secreto ítalo-grego (o chamado "acordo Tittoni-Venizelos") sobre a divisão da Albânia entre as duas partes, que previa a transferência do Épiro do Norte para a Grécia. Em 20 de agosto de 1919, Roma colocou o segundo governo Permeti, que permaneceu no poder até 29 de janeiro de 1920, sob a supervisão das autoridades civis italianas na Albânia. Em 9 de dezembro de 1919, os representantes da Grã-Bretanha, da França e dos Estados Unidos na Conferência de Paz de Paris redigiram um memorando sobre as reivindicações territoriais da Jugoslávia e da Grécia, segundo o qual os italianos tinham o direito de anexar Vlora e a ilha de Sazan na Albânia sob o mandato de Roma, os jugoslavos podiam construir um caminho de ferro até à costa do Adriático e os gregos podiam anexar Gjirokastra, enquanto o destino de Korca deveria ser decidido posteriormente pelas grandes potências.

De 21 a 31 de janeiro de 1920, por iniciativa da organização patriótica clandestina albanesa *Krahu Kombetare* (albanesa "Ala Nacional"), realizou-se *em Ljushna* um *Congresso Nacional em que* participaram mais de 50 delegados de quase todo o país. Este congresso foi organizado em Ljushna e contou com a participação de 50 delegados de quase todo o país. O congresso era a favor da integridade territorial da Albânia e da retirada das tropas estrangeiras. Em 30 de janeiro, o Congresso Nacional nomeou um governo em que *Suleiman Deljvina* se tornou primeiro-ministro e *Ahmet Zogu* foi nomeado ministro do Interior. A liderança incluía grandes comerciantes, proprietários de terras, burocratas, intelectuais e membros do clero. [7] De acordo com a constituição provisória ("Estatuto de Lushni") adoptada pelos delegados, as funções de chefe de Estado foram confiadas ao *Conselho Supremo* (regência), cujos membros representavam os muçulmanos sunitas, os ortodoxos e os católicos, bem como a ordem dervixe dos Bektashas. O Congresso enviou uma delegação à Conferência de Paz de Paris, exigindo o reconhecimento da independência da Albânia. Em 11 de fevereiro, as novas instituições do Estado instalaram-se em Tirana, que se tornou a capital do país, onde o *Conselho Nacional*, composto por 37 deputados eleitos pelos delegados do Congresso de Lushna, se reuniu em 27 de março.

Em março de 1920, as tropas francesas abandonaram Shkodra e a cidade ficou sob o domínio do governo tirano, mas uma parte das zonas limítrofes (a chamada Mbiskodra) foi ocupada pelos eslavos do sul. Juntamente com parte do exército de ocupação italiano, os franceses também se retiraram de algumas zonas do sul do país. Com o apoio de Roma, Essad Pasha iniciou uma revolta contra o governo tirano, que o Primeiro-Ministro S. Delvina tentou travar através de negociações com a participação italiana.

Em 26 de maio de 1920, os franceses evacuaram Korca na sequência de um movimento popular generalizado. No verão, Shkodra estava completamente sob a jurisdição do governo tirano. Em 5 de junho de 1920, eclodiu em Vlora, Tepelen e Himar uma revolta popular anti-italiana, sob a direção do *Comité de Defesa Nacional*, criado em abril, e teve início a batalha ou guerra por Vlora. Em 13 de junho de 1920, o radical de esquerda *Avni Roustemi* matou Essad Pasha a tiro em Paris. As tropas governamentais, sob o comando do coronel Bayram Tsurri, esmagaram em poucos dias uma rebelião organizada por este paxá. Em 21 de junho, a guarnição italiana de Tepelen rendeu-se. Em 20 de agosto de 1920, foi assinado em Tirana um protocolo preliminar sobre a retirada das tropas italianas, segundo o qual, a partir de 3 de setembro, estas

---

[7] Desde a conquista turco-otomana no século XV, a Albânia tornou-se o único país predominantemente muçulmano do continente europeu. A Albânia tornou-se o único país predominantemente muçulmano do continente europeu. No final da década de 1930, cerca de 70% da população albanesa era muçulmana, 20% ortodoxa e 10% católica (O'Donnell 1999, 138).

deixariam o território da Albânia, com exceção da ilha de Sazan, que permaneceu sob o controlo de Roma.

Entretanto, *dois partidos parlamentares, que* inicialmente formaram uma coligação governamental, tinham tomado forma na Albânia. *O Partido Progressista* (PP), liderado por *Kadri Hoxha* (Kadri Prishtina) e *Shefket bey Verlaci*, contava com o apoio dos grandes proprietários feudais (*beg* ou *bey*), dos chefes de clãs (*bayraktar*), dos camponeses ricos (*aga*), bem como de elementos burgueses conservadores e de parte do Comité do Kosovo. O *Partido Popular* (PP), liderado pelo bispo ortodoxo *Fan* om (Theophan) *Stilian* om *Noli* e pelo coronel *Ahmet* om *Zogu*, reunia sobretudo intelectuais democráticos e a pequena burguesia, bem como begs liberais, mas incluía também elementos conservadores.

Em 14 de novembro de 1920, o governo bipartidário de S. Delvina e o Conselho Nacional demitiram-se para permitir a preparação de eleições gerais. No dia seguinte, foi formado um novo governo, também bipartidário, chefiado por *Il'yaz-bey Vrioni*. Em 5 de dezembro, foi aprovada no Parlamento uma lei eleitoral favorável aos círculos feudais. *17 de dezembro de 1920. A Albânia*, por recomendação da União da África do Sul e do Canadá, *foi admitida na Liga das Nações*. Por detrás da iniciativa destes dois domínios estava a Grã-Bretanha que, na pessoa da *Anglo-Persian Petroleum Company* (APPC), celebrou em março de 1921 um acordo de concessão com o governo albanês.[8]

Em 5 de abril de 1921, realizaram-se as primeiras eleições legislativas da história da Albânia, tendo o PP e o NP obtido quase o mesmo número de mandatos. Fan Noli foi eleito deputado pelo PP e pela federação albanesa *Vatra* (Vatra) ("Coração"). Em maio, o novo Conselho Nacional manifestou confiança no governo de Vrioni e apelou à Liga das Nações para que exigisse a retirada das tropas jugoslavas e gregas e o respeito pelas fronteiras da Albânia estabelecidas em 1913. Em resposta, a Liga das Nações, por sugestão da França, confiou a questão a uma conferência de embaixadores em Paris, composta por representantes da Grã-Bretanha, França, Itália e Japão.

A fim de unir todas as forças democráticas, foi criada em abril de 1921 a Federação Atdheu (Atdheu) ("Pátria"), que reúne todas as organizações e grupos progressistas. Avni Rustemi, que tinha regressado de Paris, tornou-se o seu ilustre presidente. No entanto, as suas actividades foram rapidamente proibidas pelas autoridades.

---

[8] Devido à oposição italiana, o acordo nunca foi ratificado pelo Parlamento albanês. *D.S.*

Em 17 de julho de 1921, com o apoio de Belgrado, os católicos do Norte da Albânia proclamaram a *República* independente *de Mirdita*, liderada pelo chefe tribal Gegha *Gьon Marka Gьoni*. Ao mesmo tempo, os separatistas gregos intensificaram as suas acções contra o governo tirano do sul da Albânia. Em consequência, o gabinete de Vrioni demitiu-se e, em 16 de outubro, *Pandeli Evangeli* formou um governo com o apoio parlamentar de uma aliança constituída por deputados do NP e, em parte, do PP, bem como por independentes.

Em 9 de novembro de 1921, uma conferência de embaixadores das quatro potências da Entente (Grã-Bretanha, França, Itália e Japão), realizada em Londres, fixou as fronteiras da Albânia com a Jugoslávia e a Grécia. No norte, o distrito de Gora e parte dos territórios de Lika, Luma, Hasa e Goloborda foram cedidos à Jugoslávia. A fronteira entre a Albânia e a Grécia foi estabelecida em conformidade com o Protocolo de Florença de 1913. A Grécia comprometeu-se a retirar as suas tropas do distrito de Bilisht, que tinha ocupado em maio de 1920. As grandes potências reconheceram o governo tirano. Além disso, a conferência garantiu um estatuto especial para a Itália na Albânia. As suas decisões foram adoptadas pela Liga das Nações.

Entretanto, as forças governamentais, sob o comando de Ahmet Zogu e Bajram Tsurri, lançaram uma ofensiva geral contra os rebeldes e as unidades irregulares do exército jugoslavo no norte da Albânia, o que, graças ao amplo apoio da população local, conduziu à queda da República Mirdita em 20 de novembro de 1921. Após uma tentativa infrutífera de reconciliação com Belgrado, o parlamento aceitou a demissão do gabinete de P. Evangeli em 5 de dezembro e, no dia seguinte, a regência nomeou *Kyazim Kotsuli* como primeiro-ministro. No entanto, em 7 de dezembro, este último foi deposto por apoiantes de Zogu. No mesmo dia, *Hasan-bey Pristina*, um membro proeminente do Comité do Kosovo e opositor de Zogu, formou o gabinete. Este, por sua vez, foi substituído em 12 de dezembro pelo governo tecnocrático de *Idomene Kosturi*.

Em 14 de dezembro de 1921, Ahmet Zogu conduziu as suas tropas para Tirana, onde declarou o estado de emergência, obrigando o Conselho Superior a demitir-se. Em 25 de dezembro, nomeou novos regentes, que encarregaram *Jafer-bey Jupp* de formar um governo. O Governo de Jupp, empossado em 30 de dezembro, incluía apenas representantes do Partido Popular: F. Noli tornou-se Ministro dos Negócios Estrangeiros e o Ministério do Interior foi novamente chefiado por A. Zogu.

Em março de 1922, os líderes do Comité do Kosovo, *Bajram Zurri, Hasan*

Prishtina, Elsz Yusufi, Ziya Dibra, Halit Leshi, Hamit Toptani e *Mustafa Merlika-Kruja*, tentaram derrubar o governo Yupi pela força armada. As suas forças chegaram à periferia nordeste da capital, entraram em confronto com as tropas governamentais sob o comando de Prenk *Pervizi* e só recuaram após a intervenção ativa do enviado britânico *Harry Ayrsa*. Os líderes da rebelião foram inicialmente condenados à morte pelo tribunal militar do tirano, mas mais tarde foram amnistiados (Banac 1988, 305; Smirnova 2003, 100-101).[9]

Em setembro de 1922, os democratas radicais liderados por Avni Rustemi criaram, com base na federação proibida "Atdeu", a sociedade *Bashkimi* (Unidade). Bashkimi ("Unidade"), com sede em Tirana e filiais em todas as grandes cidades do país. A massa principal dos seus membros era constituída por professores, pequenos funcionários, representantes da pequena burguesia urbana, mas também por operários. Em 4 de dezembro, foi formado um novo governo, no qual Zogu assumiu os cargos de Primeiro-Ministro e Ministro do Interior. A nova constituição provisória adoptada pelo parlamento em 8 de dezembro de 1922 (o chamado "Estatuto Alargado de Lushni") preservou a regência (Conselho Supremo), cujos quatro membros eram eleitos pelo parlamento para um mandato de 3 anos,

Em 27 de dezembro de 1923, a Albânia realizou as suas segundas eleições gerais, nas quais o campo de Zogu obteve 40 lugares e a oposição liderada por Noli 35 lugares na Assembleia Constituinte de 9 5 lugares; Os restantes 20 independentes juntaram-se à maioria governamental após as eleições, o gabinete de Zogu demitiu-se e, em 5 de março de 1924, *Shefket Bey Verlaci* formou o seu governo. Zogu, no entanto, no início de abril, quando os seus agentes mataram dois turistas americanos em Mamouras, reocupou Tirana com as suas tropas e, acusando a oposição de ter matado os americanos, voltou a declarar o estado de emergência no país, em 20 de abril de 1924, A 20 de abril de 1924, os homens de Zogu feriram mortalmente Avni Rustemi, membro da Assembleia Constituinte, que morreu dois dias depois. No seu funeral, em Vlora, a 1 de maio, teve lugar uma manifestação antigovernamental de dez mil pessoas e, a 25 de maio, teve início uma revolta armada nessa cidade, Em 31 de maio, as guarnições de Shkodra e Permet desertaram para os rebeldes, o Gabinete Verlaci foi forçado a demitir-se e, em 2 de junho, foi formado o governo do BTopoe de *Il'yaz-bey Vrioni*. Em 10 de junho de 1924, os rebeldes tomaram posse de Tirana. *A revolução democrático-burguesa* conquistou o país; Zogu fugiu para Belgrado. Em 16

---

[9] Ver também: Comité do Kosovo 2019,

de junho, subiu ao poder o governo democrático de *Fan a Noli*, que, para além de representantes da burguesia e dos intelectuais burgueses, incluía também senhores feudais. O cargo de Ministro da Guerra foi atribuído a Bairam Tsurri. A 2 de julho, Noli assumiu também as funções de chefe de Estado, actuando em nome do Conselho Supremo. Os resultados das eleições para a Assembleia Constituinte são anulados.

O programa do governo de Noli previa uma reforma agrária radical no país, garantindo as liberdades políticas e atraindo investidores estrangeiros para a economia. No entanto, ao adiarem a reforma agrária, os democratas albaneses, que não tiveram o cuidado de defender a revolução, perderam a confiança do campesinato e, ao mesmo tempo, não conseguiram atrair os proprietários de terras para o seu lado. Aproveitando-se de tudo isto, Ahmet Zogu, à frente de um exército privado composto por mercenários albaneses, oficiais jugoslavos e guardas brancos russos, atravessou a fronteira albanesa pelo norte, enquanto uma força sob o comando dos seus dois ajudantes, *Mufid Libohova* e *Kono Kota*, a atravessou pelo sul. Durante a ofensiva das forças de Zogu contra o governo de Noli, Elez Yusufi foi morto. Em 24 de dezembro de 1924, os golpistas entraram em Tirana, onde, dois dias mais tarde, o Conselho Supremo reinstaurado nomeou um terceiro governo de *Iljaz-bey Vrioni*. Todos os partidos políticos foram proibidos. Em 6 de janeiro de 1925, A. Zogu formou o seu segundo governo, no qual voltou a acumular os cargos de primeiro-ministro e ministro do Interior (Frascheri 1964, 185-212; Arsh et al. 1992, 279-296; Smirnova 2003, 83-126).[10]

§4 República da Albânia

Em 15 de janeiro de 1925, os deputados de direita da Assembleia Constituinte, que se mantiveram fiéis a Ahmet Zogh, reuniram-se em Tirana. Em 22 de janeiro, proclamaram solenemente a República e formaram uma comissão para redigir uma nova Constituição. Após a adopção dos primeiros artigos, os deputados elegeram, em 31 de janeiro, Ahmet Zogu como Presidente da República Albanesa, que ocupou simultaneamente os cargos de Chefe de Governo, Ministro dos Negócios Estrangeiros e Comandante-em-Chefe das Forças Armadas.

2 de março de 1925. A Assembleia Constituinte adoptou a versão final da Constituição republicana. O país foi estabelecido como uma república presidencialista com um parlamento bicameral em que metade dos membros do Senado eram nomeados pelo Presidente, a outra metade era eleita por

---

[10] Ver também Austin 2012, Noli 2019, República de Mirdita 2019.

mandatos de 6 anos e a Câmara dos Deputados era eleita por mandatos de 3 anos através de votação em duas fases. As eleições legislativas realizaram-se no mesmo mês. Realizaram-se sem partidos políticos, em condições de terror contrarrevolucionário, e deram uma vitória completa aos apoiantes de Zogu.

Em 1925, os membros do Comité do Kosovo Aslan Tsurri e Ziya Dibra foram capturados por gendarmes sob o comando do braço direito e genro de Zogu, *Ceno Beg* a *Krueziu*. Ambos foram depois mortos em circunstâncias duvidosas a caminho da prisão, alegadamente quando tentavam fugir. No entanto, a verdadeira ameaça para Zogu era Bairam Tsurri, que não depôs as armas e foi com o seu destacamento para o norte do país, para as montanhas de Dragobia. Aí foi cercado pelas tropas de Zogu e suicidou-se a 29 de março de 1925.

Entretanto, em 25 de março de 1925, em Viena, os democratas albaneses, com a ajuda da *Federação Comunista dos Balcãs* (BCF), formaram o *Comité Nacional Revolucionário* (CONARE), presidido por Fan Noli. Em abril de 1927, houve uma cisão no CONARE. Em Genebra, foi criado o *Comité de Libertação Nacional* (CNO, Alb. Qlirimi Nacional), dirigido por *Ibrahim Djakova, Bedri Peyani* e *Kiamil Bala*. A KNLO aliou-se ao Comité do Kosovo e, através de F. Noli e *Kosta Bosnjaku*, recebeu algum apoio financeiro do Comintern, chegando mesmo a formar uma facção comunista. Em 1931, a sede deste comité foi transferida para Paris, onde permaneceu até 1936. A ala direita do CONARE - *Sotir Peci, Djemalj Bushati, Angelin Suma* e *Ali Kel'cura* - criou a sua própria organização em Viena, sob o nome de "Bashkimi K o m beta g" (União Nacional). Muitos dos seus membros envolveram-se estreitamente com os fascistas italianos após a ocupação da Albânia em 1939.

Em 15 de março de 1925, o Ministro das Finanças albanês, *Mufid Libohova*, e *Mario Alberti*, em representação do grupo financeiro Crédite Italiano recomendado pelo Governo italiano, assinaram uma convenção que criava o *Banco Nacional da Albânia* (NBA, "Bancalba") por um período de 50 anos e concedia ao Governo de Ahmet Zogu um empréstimo para obras públicas. Foi concedido ao NBA o direito exclusivo de emitir notas de banco. Em abril de 1925, os círculos financeiros romanos criaram a *Sociedade para o Desenvolvimento Económico da Albânia* (SEEA), que lançou as bases das infra-estruturas modernas do país. Em 1925-1926, o Governo de Zogu assinou acordos de concessão petrolífera com a APOC, a Companhia Ferroviária Estatal Italiana, a Standard Oil of New York (EUA) e o Sindicato Franco-Albanês, que iniciaram a exploração em Patos, Kuchov, Penkov,

Mavrov e Pulat. Em consequência, a indústria mineira era dominada por concessões italianas, britânicas, americanas, francesas e outras concessões estrangeiras, que ocupavam 23% do território albanês (Frasheri 1964, 215216).

Em setembro de 1925, a reorganização da gendarmeria albanesa foi confiada a um grupo de oficiais britânicos sob o comando do general *Jocelyn* a *Percy*. Após a aprovação da convenção sobre o Banco Nacional da Albânia por ambas as câmaras do Parlamento albanês, o banco foi constitucionalizado em 2 de setembro de 1925 como uma sociedade anónima com sede permanente em Roma. Foram criadas sucursais em Tirana, Durres, Shkodra, Vlora e Korça, sendo a sucursal de Tirana considerada a principal (Smirnova 2003, 135).

Entretanto, em 1 de junho de 1925, realizou-se em Tirana a primeira sessão do Parlamento da República Albanesa, na qual estavam representados os bairaktars, os begi, os aga e os elementos burgueses que apoiavam o regime de Zogu. A burguesia albanesa no período entre guerras era constituída principalmente por comerciantes e pequenos empresários, alguns dos quais eram também proprietários de terras. No final de junho, realizou-se em Tirana um congresso de bairaktars, aos quais foram garantidos os direitos que lhes pertenciam há séculos com base nas "leis das montanhas", promovidos à categoria de oficiais da reserva e recebendo um salário permanente. Outro pilar armado do regime era a gendarmeria e a milícia, que aprendiam as suas competências com instrutores britânicos.

Em julho de 1925, em Paris, os governos da Albânia e da Jugoslávia concluíram um acordo sobre a correção da linha de fronteira, segundo o qual o mosteiro de St Naum, nas margens do Lago Ohrid, e parte do território de Vermosha, na fronteira com o Montenegro, passavam para a Jugoslávia. Em 26 de agosto de 1925, foi assinado em Tirana um tratado secreto de defesa entre a Albânia e a Itália, que previa a prestação de assistência militar à Albânia em caso de ameaça à sua independência e integridade territorial. Simultaneamente, o exército albanês deveria estar subordinado ao Estado-Maior italiano durante as acções conjuntas. A Albânia comprometeu-se a não concluir quaisquer tratados e alianças militares com outros Estados, a menos que a Itália neles participasse. Foi igualmente acordado que, em caso de guerra com a Jugoslávia, as reivindicações territoriais da Albânia seriam tidas em conta.[11]

---

[11] Tratados e acordos entre a Albânia e a Itália // Dicionário Diplomático em três volumes / Editado por A.A. Gromyko, vol. 1. Moscovo: Nauka, 1985. C. 21.

Em 16 de fevereiro de 1926, a NBA introduziu o *lek albanês* como moeda nacional. No entanto, para os pagamentos internacionais efectuados entre 1926 e 1939, foi utilizada uma moeda de ouro denominada franco albanês (Franga). Um franco era igual a cinco leks.

Em 27 de novembro de 1926, foi concluído um Tratado de Amizade e Segurança (Pacto de Tirana de 1926) entre a Albânia e a Itália por um período de 5 anos. O tratado continha a declaração de que a violação do status quo político, jurídico e territorial da Albânia era contrária aos interesses políticos das partes contratantes. Ambas as partes se comprometeram a não assinar acordos políticos e militares prejudiciais aos interesses de uma delas. A Itália actuou como garante da preservação do regime de A. Zogu, mas colocou simultaneamente restrições ao desenvolvimento de tratados e de outras relações entre a Albânia e outros Estados.[12]

Em 22 de novembro de 1927, a Albânia e a Itália assinaram o Tratado de Aliança Defensiva (Pacto de Tirana de 1927) por um período de 20 anos. Este tratado previa acções conjuntas de ambos os Estados em caso de "guerra não provocada" contra um deles, colocando todos os recursos militares, financeiros e outros à disposição do aliado. Uma carta do enviado italiano *Ugo Sola*, considerada parte inseparável do Tratado, definia os princípios da direção das operações militares e da utilização do território aliado. A iniciativa de uma ação conjunta contra uma terceira potência foi inteiramente atribuída à Itália.[13]

No outono de 1927, num esforço para reforçar o poder pessoal de Zogu, Mussolini sugeriu-lhe que considerasse a possibilidade de transformar a República Albanesa num reino. Zogu concordou em princípio, mas receou a oposição da nobreza feudal. Por conseguinte, o assunto foi temporariamente adiado. No entanto, no inverno de 1927/28, a fome assolou as regiões do norte da Albânia. Zogu foi obrigado a criar uma comissão governamental em janeiro de 1928, que organizou a recolha de fundos para ajudar os necessitados. Na primavera, uma onda de descontentamento com a política interna do governo já tinha tomado conta das cidades do sul do país. Começaram os protestos e as greves. Nestas circunstâncias, Zogu decidiu voltar à proposta italiana de proclamar uma monarquia sem esperar pelo termo do mandato de sete anos da sua presidência (Frascheri 1964, 212-223;

---

[12] Ibid.
[13] Um ano mais tarde, foram assinadas convenções militares como adenda ao Tratado, que continham regulamentos pormenorizados sobre as acções das partes em caso de guerra e previam a subordinação organizacional do exército albanês ao Estado-Maior italiano (ibid.).

Arsh et al. 1992, 297302; Smirnova 2003, 127-142).[14]

§5. o reino da Albânia

Em 17 de agosto de 1928, realizaram-se na Albânia eleições para uma Assembleia Constituinte que, em 1 de setembro, proclamou o país como reino e confirmou Zogu I como rei dos albaneses. Foi então coroado em Kruja, como sinal da sucessão do poder de Skanderbeg. Kocho Kota foi nomeado primeiro-ministro do reino albanês em 5 de setembro de 1928. De acordo com a Constituição adoptada em dezembro, a Albânia foi declarada uma "monarquia democrática, parlamentar e hereditária". O órgão legislativo máximo era a Assembleia Nacional unicameral, composta por 56 deputados. As Constituições de 1925 e 1928 anularam formalmente a lei fundiária turca de 1856, que se traduzia principalmente na redução de todos os tipos de propriedade fundiária a três categorias: propriedade do Estado, de pessoas colectivas e de pessoas singulares. O direito otomano foi substituído pelos códigos civis (1929), penais (1930) e comerciais (1931) de base europeia.

Em meados da década de 1920, surgiram na Albânia as primeiras organizações de trabalhadores ilegais. O primeiro grupo comunista albanês foi criado por emigrantes políticos em 1928, com a ajuda do Comintern e da BCF. No entanto, este grupo foi dissolvido em 1930, depois de o seu líder *Ali Kel'mendi* ter regressado ao seu país. No final da década de 1920 e no início da década de 1930, formaram-se os primeiros grupos comunistas clandestinos em Tirana, Vlora, Kruja, Elbasan, Korça e Shkodra (PLA 1982, 18-29).

Em 13 de abril de 1930, foi aprovada e promulgada a *Lei da Reforma Agrária* elaborada pelo segundo governo de Pandeli Evangeli (5 de março de 1930 - 22 de outubro de 1935). Esta lei previa a confiscação dos excedentes de terra dos proprietários (mais de 100 hectares) e a venda de terras aos camponeses sem terra e pobres (até 5 hectares por família). No entanto, as vinhas, os olivais, as pastagens e as florestas não eram objeto de alienação. A reforma deveria ser efectuada ao longo de um período de 15 anos, e cada propriedade necessitava de uma decisão especial do rei (Arsh et al. 1992, 305; Smirnova 2003, 148). No final, foram distribuídos 4.698 ha (7,7%) dos 60.640 ha de terras estatais, enquanto apenas 3.411 ha (3,3%) dos 103.000 ha de terras privadas foram distribuídos, na sua maioria a famílias de refugiados do Kosovo (Frasheri 1964, 226).

Não se registou qualquer alteração significativa na política de abertura ao capital estrangeiro, embora após a proclamação da monarquia, todas as

---

[14] Ver também: República da Albânia 2019.

concessões no território da Albânia tenham passado para as mãos do capital italiano (ibid.).

Nos termos de um acordo assinado em Roma em junho de 1931, o regime de Zogu recebeu de Mussolini um empréstimo de 10% de 100 milhões de francos-ouro para financiar o aparelho de Estado (Frascheri 1964, 228). No entanto, passado um ano, o governo albanês não conseguiu reembolsar a primeira parte deste empréstimo. Mussolini exigiu então a criação de uma união aduaneira ítalo-albanesa em troca de um adiamento do pagamento dos juros. Zogu rejeitou esta exigência e, em setembro de 1932, proibiu, por decreto real, os albaneses de frequentarem escolas estrangeiras. Assim, as quatro escolas comerciais italianas em atividade no país passaram a estar sob a alçada do Ministério da Educação. Em abril de 1933, a Assembleia Nacional anulou os artigos da Constituição albanesa que permitiam a existência de escolas privadas e religiosas no país, introduzindo um sistema de ensino unificado. Este facto levou ao encerramento de várias escolas católicas financiadas pelos romanos no norte da Albânia. Zogu enviou para casa os conselheiros militares italianos, uma vez que não tinha dinheiro para lhes pagar os subsídios (ibid., 229).

No entanto, Mussolini deixou de reembolsar o empréstimo em 1 de abril de 1933. Consequentemente, o Governo albanês deixou de poder pagar atempadamente os salários mensais dos seus funcionários e a queda do preço dos produtos agrícolas colocou os camponeses numa situação difícil. Depois de o ditador fascista italiano ter feito novas exigências, incluindo a denúncia de acordos comerciais com outros Estados que não a Itália, o despedimento dos conselheiros britânicos da gendarmaria albanesa e o controlo italiano das instalações militares albanesas, o Governo albanês iniciou, no outono de 1933, negociações secretas para obter um empréstimo francês. No entanto, Paris impôs condições ainda mais rigorosas do que Roma, através das quais procurou obter privilégios especiais para si próprio na Albânia. Em 22 de junho de 1934, Mussolini enviou 22 navios de guerra italianos para o porto de Durres sem qualquer aviso prévio. Em resposta, Zogu, a conselho da Grã-Bretanha, aceitou todas as exigências italianas, com exceção de uma união aduaneira e da restrição das relações comerciais. Prometeu que a Albânia não aderiria à Entente dos Balcãs e autorizou o regresso da missão militar italiana ao país (ibid., 229-231).

Em 14 de agosto de 1935, eclodiu uma insurreição armada em Fier, preparada por um grupo de oficiais burgueses anti-zogistas a que se juntaram comunistas. Os rebeldes ocuparam Fier e depois cercaram Liušnja. Aqui, porém, as autoridades locais reforçadas conseguiram reprimir a revolta, que continuou sob a direção comunista em Berat até 22 de agosto (ibid., 231-234; Arsh et al. 1992, 309-316; Smirnova 2003, 157-164).

Em 22 de outubro de 1935, foi formado em Tirana um governo liberal chefiado por *Mehdi Bey Frasheri*, que prometia, entre outras coisas, levar a cabo reformas progressistas, garantir a liberdade de expressão, de reunião e de imprensa, estabelecer o controlo estatal das operações de exportação e importação e promover os princípios capitalistas na agricultura, transformando cada aldeia num sindicato autónomo. No entanto, nenhuma destas promessas foi cumprida. Ao mesmo tempo, o governo de Frasheri restabeleceu os direitos dos formadores e conselheiros militares e civis italianos forçados a abandonar a Albânia durante o conflito (Smirnova 2003, 164).

Em 19 de março de 1936, em Tirana, a Albânia e a Itália assinaram um acordo secreto em matéria de defesa e, simultaneamente, oito acordos de natureza económica, que incluíam a obrigação de a Itália emprestar à Albânia 9 milhões de francos albaneses. Em contrapartida, a Itália recebeu uma série de concessões petrolíferas na região de Kuchova, o direito de estabelecer um banco agrícola albanês sob a sua gestão, de construir uma série de fortificações militares na região de Vlora e de acelerar a construção do porto de Durres. A Itália comprometeu-se igualmente a conceder à Albânia um empréstimo anual de 3,5 milhões de francos albaneses, na condição de o exército albanês não exceder 6 675 soldados e oficiais e de todos os conselheiros e instrutores estrangeiros serem retirados e substituídos por italianos. Os súbditos italianos podiam residir na Albânia sem qualquer impedimento. Estes acordos contribuíram para estabelecer a influência da Itália fascista em todos os domínios da vida albanesa.[15]

Os acordos económicos foram ratificados pelo parlamento albanês em 1 de abril de 1936. Mehdi Frasheri sublinhou o altruísmo da Itália fascista, que tinha sofrido sanções económicas impostas pela Sociedade das Nações devido à sua agressão contra a Etiópia e que, no entanto, tinha encontrado os meios para ajudar a Albânia. No entanto, o primeiro-ministro não mencionou o facto de, na qualidade de delegado da Albânia na Sociedade das Nações, ter votado contra a imposição de sanções, merecendo assim a gratidão de Mussolini (Smirnova 2003, 164-165).

O governo de M. Frasheri foi atacado tanto pelas forças patrióticas, que o

---

[15] Tratados e acordos entre a Albânia e a Itália // Dicionário Diplomático em três volumes / Editado por A.A. Gromyko, vol. 1. Moscovo: Nauka, 1985. C. 21-22.

acusavam de capitular perante a Itália, como pelos monárquicos da linha dura. Estes últimos utilizaram os tumultos nas zonas agrícolas, as greves e as manifestações da população urbana pobre, que eram habituais na Albânia da época, como argumentos que confirmavam a incapacidade dos liberais para manterem a ordem no país. Consequentemente, o governo de M. Frasheri demitiu-se. Em 9 de novembro de 1936, Kocho Kota voltou a ser Primeiro-Ministro, restaurando abertamente os anteriores métodos terroristas de governo, abolindo até os ténues vislumbres de democracia que tinham marcado o governo do seu antecessor. A posição do gabinete foi consolidada pelas eleições parlamentares de 31 de janeiro de 1937, nas quais o bloco governamental obteve uma vitória esmagadora. Os métodos terroristas do regime de Zogu, que carecia de uma base social sólida, não conseguiram travar a crescente resistência popular, expressa nomeadamente na agitação dos camponeses e nas greves dos trabalhadores dos campos petrolíferos. Os sentimentos de oposição surgiram mesmo nos círculos dirigentes, como o demonstra a tentativa falhada de um putsch antigovernamental em maio de 1937 (ibid., 165-166).

O produto interno bruto da Albânia, a preços comparáveis, aumentou em 1929 apenas 1,3 vezes em relação a 1910. Em 19141929 a sua taxa média de crescimento anual foi de 1,2%.[16] No final da década de 1930, a Albânia continuava a ser um país agrário. Os camponeses constituíam 90% da população, sendo 77% pobres (PLA 1982, 12). Ao mesmo tempo, 85-90% da população era analfabeta. O número de operários não ultrapassava os 15.000. Não se tratava predominantemente de proletariado industrial, mas de trabalhadores de empresas artesanais, de trabalhadores sazonais da construção civil que ainda não tinham cortado os laços com a aldeia (Arsh et al. 1992, 321, 329).

Em 1937, o Banco Agrícola da Albânia, dependente do Banco de Nápoles, foi fundado por empresários italianos. Este banco, juntamente com o NBA e o SWEL, prosseguiu uma política colonizadora em relação à Albânia, procurando consolidar a sua posição como apêndice agrário e de matérias-primas da Itália fascista. Esta política traduziu-se não só na aquisição de concessões, mas também na influência sobre o desenvolvimento das operações de comércio externo da Albânia na direção necessária para a Itália. As instituições de crédito italianas recorreram a empréstimos a ricos proprietários de terras para fins políticos, aumentando assim a população

---

[16] Calculado a partir de: Bolt e van Zanden 2020.

albanesa pró-italiana (Frascheri 1964, 223-239; Arsh et al. 1992, 302-325; Smirnova 2003, 142-171.).[17]

---

[17] Ver também Pearson 2005, The Kingdom of Albania 2019.

Capítulo II
A ocupação e a luta de libertação nacional do povo albanês (1939-1944).

§1. ocupação italiana da Albânia (1939-1943)

Em abril de 1938, realizou-se o casamento de Zogu com a condessa húngara *Geraldina Apponyi*. O Ministro dos Negócios Estrangeiros italiano, Conde *Galeazzo Ciano*, assistiu ao casamento real como testemunha do noivo e, de regresso a Roma, recomendou a Mussolini que ocupasse a Albânia. O ditador italiano aprovou o plano em janeiro de 1939.

Em 7 de abril de 1939, um exército italiano de 40.000 homens desembarcou na Albânia e ocupou todo o país seis dias depois. Zogu emigrou primeiro para a Grécia, depois para o Egito e mais tarde para a Grã-Bretanha. Em 9 de abril, foi criada em Tirana uma Comissão Administrativa Provisória chefiada pelo antigo ministro da corte Jafer *Jupi*. Em 12 de abril, a Assembleia Constituinte, reunida na capital, analisou o projeto de uma união pessoal entre a Albânia e a Itália. Dos seus 159 deputados, 68 eram proprietários de terras, 25 eram bairaktars (chefes de clãs), 26 eram grandes comerciantes, 20 eram clérigos e 20 eram oficiais e intelectuais (Smirnova 2003, 178). No mesmo dia, foi formado um governo, chefiado por *Shefket* om *Verlatsi*, que assumiu também o papel temporário de chefe de Estado. *Em 14 de abril de 1939, o governo de Verlaci anunciou a retirada da Albânia da Liga das Nações.* Em 15 de abril, o Grande Conselho Fascista italiano aprovou uma união pessoal com a Albânia. Em 16 de abril, uma delegação do governo albanês entregou a coroa a Skanderbeg *Victor* u *Emmanuel* u *III*, que recebeu o título de Rei de Itália e da Albânia e de Imperador da Etiópia. Em 20 de abril de 1939, foi formalizada *a união aduaneira ítalo-albanesa.*

Em 23 de abril e 2 de maio de 1939, realizou-se em Tirana um congresso que anunciou a criação do *Partido Fascista Albanês* (AFP). O seu secretário, *Tefik Mborja*, foi incluído no Conselho Nacional do Partido Nacional Fascista de Itália (PFPI) por decreto real de 9 de julho de 1939. *Shefket Verlatsi, Gьon Marka Gьoni, Mustafa Merlika Kruja* e *Vangel'Turtulli*, que se tinham estabelecido como colaboradores dos fascistas italianos, tornaram-se senadores.

A Constituição da Albânia, outorgada pelo monarca italiano em 3 de junho de 1939, foi redigida em Vim. A Constituição atribuía formalmente o poder legislativo ao Conselho Corporativo Supremo da Albânia, composto pelo

Senado e pela Câmara Corporativa. O rei tornou-se o comandante supremo das forças armadas, com todos os direitos daí decorrentes. *Francesco Iacomoni*, antigo embaixador italiano na Albânia e um dos organizadores da invasão fascista deste país, foi nomeado vice-rei do rei de Itália, em cujas mãos se concentraram todos os fios do governo. Sem o seu visto, nenhum decreto do governo fantoche da Albânia era válido. Para cada ministério foi nomeado um conselheiro italiano com mais direitos do que o ministro albanês (Arsh et al. 1992, 325-331; Smirnova 2003, 172-182).

A Albânia aderiu ao sistema autárquico da Itália fascista, o que levou ao desvio de recursos alimentares do país a um custo mínimo para os senhores italianos. De maior importância foi a exploração de depósitos de minério de crómio explorados pouco antes do início da guerra, que a Itália importou na totalidade. Além disso, a lenhite, o betume natural, o minério de cobre e o petróleo eram exportados da Albânia ocupada (Arsh et al. 1992, 332; Smirnova 2003, 183).

Quando Mussolini atacou a Grécia a partir do território albanês, em 28 de outubro de 1940, o governo tirano fantoche colocou dois batalhões à disposição dos italianos. No entanto, os soldados albaneses não estavam dispostos a lutar contra os gregos. Após o fracasso da ofensiva italiana, as tropas gregas que perseguiam o inimigo entraram em território albanês em 21 de novembro de 1940, onde foram apoiadas por partisans albaneses. Em 22 de novembro, ocuparam Korca e, no início de dezembro, G irokstra, avançando 25 a 60 km em território albanês. No entanto, após a chegada da Wehrmacht de Hitler aos Balcãs, o exército grego foi derrotado. Em 13 de abril de 1941, começou a abandonar a Albânia e, em 23 de abril, em Salónica, o general *Georgios Tsolakoglou* assinou, em nome da Grécia, um ato de rendição e um armistício com a Alemanha e a Itália (ver, naira: Cherepanov 1973).

Após a rendição dos exércitos jugoslavo e grego em abril de 1941, Joachim von Ribbentrop e Galeazzo Ciano chegaram a um acordo em Viena sobre a reestruturação territorial dos Balcãs. No seu âmbito, foi criada *a Grande Albânia*, que incluía a maior parte do Kosovo, muitas zonas de população albanesa do Montenegro e da Macedónia Ocidental, bem como a Chameria, que tinha sido separada da Grécia. Assim, o território e a população da Albânia quase duplicaram *e o país tornou-se um exportador líquido de cereais* (Frasheri 1964, 239-255; Arsh et al. 1992, 333-335; Smirnova 2003, 184-188).

A resistência aos invasores fascistas não foi, de início, organizada e maciça.

No entanto, logo em 28 de novembro de 1939, realizaram-se manifestações antifascistas em várias cidades. Com a entrada da URSS na guerra contra o bloco fascista e a formação do *Partido Comunista da Albânia* (CPA) e da *União da Juventude Comunista da Albânia* (CYUA) em Tirana, em novembro de 1941, abriram-se perspectivas reais para a vitória da luta de libertação nacional no país. Eleito na conferência organizativa que formalizou a criação do CPA, *com a assistência dos enviados do CPJ Dushan Mugosha e Miladin Popovic*, que cumpriam a missão de Josip *Broz Tito* sob o mandato do Comintern, o Comité Central provisório do CPA delineou um programa que previa a expulsão dos ocupantes e o estabelecimento de um governo democrático popular na Albânia libertada. A partir de dezembro de 1941, as unidades partidárias dirigidas pelos comunistas começaram a levar a cabo actos regulares de sabotagem contra os ocupantes italianos. Em 4 de dezembro de 1941, os italianos demitiram o governo de Verlaci, alegando que este se tinha revelado incapaz de sufocar a resistência antifascista ainda no seu berço. Um governo de "mão firme" chegou ao poder, liderado por Mustafa Merlika Kruja. O partido no poder adoptou o nome de *Partido Nacional Fascista da Albânia* (PFPA) (PLA 1982, 48-74).

Por iniciativa do CPA, foram criados *conselhos de libertação nacional* nos territórios libertados a partir de março de 1942. As suas funções e princípios de organização foram definidos na 16

Em setembro de 1942, a *Frente de Libertação Nacional* (FLN) foi formada numa conferência em Peza, a sudoeste de Tirana, onde uniu os combatentes contra os ocupantes fascistas. A conferência contou com a participação de apenas 20 delegados: representantes do CPA, do KCMA, comandantes dos destacamentos parizanos, incluindo nacionalistas e muçulmanos Bektashi. A conferência de Pez elegeu o *Conselho Geral Provisório de Libertação Nacional*, que devia dirigir todas as actividades dos conselhos locais, que desempenhavam as funções de órgãos administrativos e militares. No Conselho Geral Provisório, os nacionalistas obtiveram quatro lugares (Abaz Kupi, Baba Faya Martanesi, Muslim Peza, Hadji Leshi) e os comunistas três (Enver Hoxha, Yumer Dishnica, Mustafa Ginishi). No início de 1943, *Seifulla Maleshova*, participante na Revolução de junho de 1924 e membro do Grupo Comunista de Moscovo, regressou do exílio à Albânia. Cooptado para o Conselho Geral Provisório, equilibrou assim a representação dos comunistas e dos nacionalistas.

Ao contrário da maioria das organizações com nomes semelhantes criadas durante a guerra na Europa Oriental e do Sudeste, o ELF albanês não era uma coligação de vários partidos. Constituiu-se como uma associação de apoiantes da luta de libertação nacional. O Partido Comunista já estava nomeado pela própria situação como líder do movimento, porque era a única força política organizada no país e procurava desenvolver um programa nacional que unisse todos os patriotas.

Em resposta à formação da FLN, o grupo de resistência anti-zogista liderado por Midhat *Frasheri*, antigo ministro das Obras Públicas do primeiro governo albanês de Ismail Kemali (1912-1914), criou, em outubro de 1942, uma organização nacionalista anticomunista, *a* Balli Kombetar (Frente Nacional), que defendia os princípios da liberdade e da justiça social e preconizava uma Grande Albânia. Entre os seus dirigentes contavam-se grandes proprietários de terras, kulaks, bairaktars e intelectuais.

No contexto da crise do regime de ocupação, *Ekrem Bey Libohova* tornou-se Primeiro-Ministro em 19 de janeiro de 1943, sendo sucedido por *Malik Bushati* em 13 de fevereiro. Este último, três dias após a sua nomeação, anunciou, entre outras coisas, o estabelecimento de relações diplomáticas entre a Itália e a Albânia, a revisão de todas as convenções económicas, aduaneiras e monetárias de abril de 1939, a formação de um exército e de uma gendarmaria nacionais albaneses e *a substituição da AFPA pela Guardia Grande Albania* (AFP 2021) *a partir de 1 de abril de 1943*.

No entanto, em vez de uma aparente liberalização, assistiu-se rapidamente a um endurecimento da política das autoridades italianas relativamente à Albânia. Em março de 1943, Francesco Iacomoni cedeu as prerrogativas ao General *Alberto Pariani* (até setembro), que tinha sido transferido do cargo de Chefe do Estado-Maior do Exército para o seu lugar. Ekrem Bey Libohova formou de novo o governo (no poder de 12 de maio a 9 de setembro de 1943).

Em 1943, teve início uma nova fase da luta de libertação. Na *1ª Conferência de toda a Albânia do CPA*, realizada na cidade de Labinot, a nordeste de Elbasan, em março de 1943, foi eleito um Comité Central permanente e foi adoptada uma linha de orientação para a revolta nacional. *Enver Hoxha* tornou-se o secretário-geral do Comité Central do CPA e *o marxismo-leninismo foi proclamado como a ideologia do partido*. Foi iniciado o processo de unificação das unidades de guerrilha em grupos de greve, que em junho de 1943 eram mais de vinte. A criação do Estado-Maior em 10 de julho de 1943 marcou o início do processo de formação do *Exército Albanês de Libertação Nacional* (ANLA). O chefe do Estado-Maior era *Spiro Moisiu* e o comissário político Enver Hoxha. Nesta altura, surgiu uma *corrente Tito* no Comité Central do CPA, liderada por *Kochi Dzodze* e *Seifulla Maleshova*.

Após a queda do regime de Mussolini em Itália, os representantes da FLN e da Balli Combetar concluíram um acordo de cooperação em agosto de 1943, em Mukje, segundo o qual a luta antifascista deveria ser dirigida por um *Comité Provisório para a Salvação da Albânia*, composto por 12 membros, seis dos quais de cada organização. Os comunistas estavam em minoria neste comité, uma vez que três delegados do PLF eram também nacionalistas. Contudo, o CPA não tardou a rejeitar o acordo, uma vez que os enviados de Tito, D. Mugosha e M. Popovic, o consideraram uma vitória para os balistas. Exigiram não só a anulação do acordo mas também o lançamento de uma ofensiva geral contra os Balli Combetar, o que veio a acontecer em setembro de 1943 (Frascheri 1964, 255-281; PLA 1982, 74130; Arsh et al. 1992, 335-366; Smirnova 2003, 188-229).[18]

§2: Ocupação alemã e libertação da Albânia (1943-1944)

Em julho-agosto de 1943, o Alto Comando da Wehrmacht começou a reorganizar o sistema de ocupação nos Balcãs, o que aumentou o papel dos governos fantoches na repressão do Movimento de Resistência. *Em 6 de julho de 1943, as tropas nazis alemãs*, emboscadas pela NOAA à saída da Grécia, *mataram brutalmente 70 pessoas na aldeia albanesa de Borova*.

No outono de 1943, os ocupantes italianos tinham sido expulsos da maior parte das regiões do Sul e do Centro da Albânia. As vitórias do exército soviético e a rendição da Itália fascista, declarada oficialmente em 8 de setembro de 1943, contribuíram para a expansão do território libertado controlado pelos Conselhos de Libertação Nacional. Por decisão da *segunda conferência da FLN* em Labinot (setembro de 1943), os Conselhos Nacionais de Libertação foram reconhecidos como "a base do poder político do povo albanês" e os seus estatutos foram adoptados. O direito de voto é concedido a todos os cidadãos que tenham atingido a idade de 18 anos. Simultaneamente, o representante pessoal de Zogu na Albânia, *Abaz Kupi*, anunciou a criação do movimento monárquico *"Legalidade"* (Legitimidade), cujo congresso fundador se realizou em novembro de 1943. O Conselho Geral do ELN, numa reunião extraordinária de 7 de dezembro de 1943, excluiu A. Kupi das suas fileiras e qualificou a sua organização como um grupo político formado com base num compromisso com a reacção interna. Todas as organizações do PLF receberam ordens para lançar uma luta decisiva contra os seus dirigentes e slogans.

Após a rendição da Itália, a Albânia foi ocupada por um exército alemão de

---

[18] Ver também: APT 2018.

70.000 homens, em 10 de setembro de 1943. No dia seguinte, em Tirana, foi proclamada a "independência" do Reino da Albânia, com a anulação da união pessoal entre a Itália e a Albânia. *O protetorado italiano foi substituído pelo protetorado alemão.* Em 14 de setembro, foi constituída *uma Comissão Executiva Provisória* na capital albanesa, presidida por *Ibrahim-bey Bicaku.* Por sua iniciativa, foi convocada uma Assembleia Constituinte que, em 20 de outubro de 1944, elegeu o *Conselho Superior de Regência* presidido por *Mehdi Frasheri.* Em 4 de novembro, foi formado um governo fantoche pró-alemão, chefiado por um grande proprietário kosovar, um dos líderes da chamada *Segunda Liga de Prizren, Vejep Mitrovica.* Contava com o apoio dos Ballistas, dos monárquicos e dos klirofascistas católicos. Apoiando-se em unidades armadas do Norte da Albânia e do Kosovo, Mitrovica reorganizou o exército e a gendarmaria albaneses. Os membros mais influentes do seu gabinete eram o Ministro do Interior, *Jafer Deva,* e o Ministro da Economia, *Ago Agaj, que* anteriormente tinha chefiado a administração colaboracionista de um distrito do Kosovo. Destes, Deva comandava grandes formações policiais cujo núcleo era constituído por albaneses kosovares pessoalmente leais.

As novas autoridades impuseram o estado de emergência e anunciaram que, por cada soldado alemão morto ou ferido, dez albaneses seriam enforcados sem julgamento. O governo de R. Mitrovica formou "batalhões sagrados voluntários na região de Shkodra como instrumentos de resistência aos comunistas e outros inimigos", comandados por "oficiais sagrados" subsidiados pelo governo - chefes patriarcais, anciãos de clãs.

A entrada das tropas nazis na Albânia tornou mais difícil a luta dos guerrilheiros. No entanto, no início do inverno, a NOAA tinha eliminado os ocupantes de muitas cidades e distritos do centro e do sul da Albânia. Durante este período, o exército de guerrilha contava com cerca de 20.000 combatentes. Em novembro de 1943, teve início a ofensiva da Wehrmacht no Sul e no Centro da Albânia. O seu comando visava proporcionar um amplo corredor para a passagem das suas tropas da Grécia para a Europa Central através da Albânia e da Jugoslávia, eliminando ao mesmo tempo o Movimento de Resistência nestes países. O Estado-Maior da NOAA esteve bloqueado durante muito tempo na região montanhosa de Cermeniki, a nordeste de Elbasan, e a sua comunicação com as forças partidárias regulares foi cortada. Juntamente com a Wehrmacht, as balistas participaram nos combates contra os guerrilheiros. Em particular, entregaram aos alemães o chefe capturado da missão britânica no Estado-Maior da NOAA, o

Brigadeiro-General *Edmund Davis*, que mais tarde foi brutalmente assassinado pelos nazis.

No início de janeiro de 1944, a Wehrmacht lançou uma nova ofensiva geral contra as forças partidárias no sul e no centro do país. Travaram-se batalhas tensas entre Korça e Berat, mas apesar dos reforços vindos da Grécia, os alemães não conseguiram tomar Permet. Apesar da retirada forçada para as montanhas e da dissolução de unidades NOAA mal formadas, os partisans albaneses recuperaram e aumentaram a sua capacidade de combate básica. No início de março de 1944, o Estado-Maior da NOAA conseguiu finalmente romper o bloqueio inimigo.

As vitórias do exército soviético em Leninegrado e Novgorod, no Bug e no Dniester, e a sua chegada à fronteira com a Roménia e a Checoslováquia obrigaram o comando alemão a começar a retirar algumas das suas tropas da Península Balcânica Ocidental e a transferi-las para a frente soviético-alemã. Nessa altura, a NOAA estava a restaurar o poder dos conselhos de libertação nacional e a expandir as áreas libertadas no sul e em grande parte do centro da Albânia. Na primavera de 1944, quatro conselhos distritais de libertação nacional estavam a funcionar na Albânia e exerciam funções administrativas nas cidades e aldeias libertadas dos distritos de Gjirokastra, Vlora, Berat e Korca.

No decurso da luta de libertação, que se transformou numa revolução democrática popular, a questão do poder foi finalmente resolvida. Em 24 de maio de 1944, o *1º Congresso Antifascista de Libertação Nacional*, realizado na cidade libertada de Permet, com a presença de cerca de 200 delegados, elegeu o *Conselho Antifascista de Libertação Nacional da Albânia* (ANOSA), órgão legislativo supremo que representa o poder soberano do povo albanês e do Estado. As suas funções entre as sessões foram exercidas pelo Presidium. *Omer Nishani*, um nacionalista independente, foi eleito Presidente do Presidium da ANOSA, *tendo* como adjuntos *Baba Faya Martanesi*, o comunista *Kochi Dzodze* e o nacionalista independente *Hasan Pulo*, e como secretários do Presidium os comunistas *Kochi Tashko e Sami Baholi*. O Conselho foi investido da prerrogativa de constituir o *Comité Antifascista de Libertação Nacional da Albânia* (ANOCA), que tinha todas as caraterísticas de um governo provisório. O sistema monárquico não foi abolido, mas o antigo rei Zog foi categoricamente proibido de entrar no país. Foi decidido rever, anular e substituir por novos tratados e acordos económicos e políticos com países estrangeiros concluídos pelo regime de Zogu em detrimento do povo albanês.

Uma das decisões da ANOSA foi a introdução de patentes militares na NOAA. Enver Hoxha foi promovido ao posto de coronel-general e nomeado comandante-em-chefe da NOAA. O Chefe do Estado-Maior, o antigo Major do Exército Real Albanês Spiro Moisiu, foi promovido ao posto de Major-General. O posto de coronel foi atribuído a Muslim Peza, ao Comandante da 1ª Divisão *Dali Ndreu* e ao seu adjunto *Mehmet u Shehu*.

Em 28 de maio de 1944, depois de o Congresso de Permet ter terminado os seus trabalhos, o comando alemão lançou outra operação contra a NOAA, que decorreu durante o mês de junho, mas desta vez os ocupantes não conseguiram derrotá-la. Em 26 de junho de 1944, a 1ª Divisão de Ataque da NOAA iniciou a sua marcha para norte para libertar os territórios ainda ocupados. Durante este período, as unidades da NOAA receberam apoio aéreo de aviões britânicos baseados perto de Bari, em Itália. Em 18 de julho de 1944, foi formado um governo em Tirana, chefiado por um membro da direção do Movimento da Legalidade, Bayraktar *Fikri Dine*, que foi substituído por Ibrahim-bey Bichaku em 7 de setembro.

Em agosto de 1944, os guerrilheiros libertaram a zona de Dibra. Em meados de agosto, a recém-formada 2ª Divisão de Ataque do NOAA apareceu nos arredores de Tirana, paralisando as comunicações entre a capital e as zonas provinciais. Subsequentemente, a 1ª e a 2ª Divisões, formando o 1º Corpo de Ataque do NOAA, marcharam para as áreas patriarcais do norte da Albânia, Mirdita. No final de agosto, o NOAA tinha libertado a maior parte do país. Apenas as maiores cidades e alguns territórios isolados permaneciam sob o controlo dos ocupantes alemães e dos seus cúmplices. O êxito dos partisans albaneses foi possível, em muitos aspectos, devido à mudança geral da situação militar nos Balcãs, ligada às vitórias do exército soviético nas frentes de guerra contra a Alemanha nazi e à abertura da segunda frente pelos aliados anglo-americanos na Europa Ocidental.

Em setembro de 1944, quando a NOAA entrava na fase final da luta pela libertação da Albânia, começou a retirada das tropas alemãs do sul da Grécia. A sua principal rota era através da Albânia. O comando britânico solicitou autorização ao Estado-Maior da NOAA para desembarcar um assalto anfíbio na costa do Mar Jónico, perto de Saranda, a fim de participar na libertação da cidade e criar assim a aparência de uma luta conjunta contra os invasores. O Estado-Maior da NOAA concordou, mas condicionou a retirada das tropas britânicas imediatamente após a conclusão da operação, o que foi cumprido. Os britânicos não conseguiram legalizar a sua presença na Albânia.

As brigadas de guerrilha do NOAA atacaram constantemente as linhas de comunicação, causando grandes danos às tropas alemãs que se retiravam da Grécia, e as cidades começaram a ser libertadas uma a uma. Em 12 de setembro de 1944, os guerrilheiros libertaram Berat e, em 18 de setembro, Gjirokastra. A guarnição alemã de Tirana é atacada quase todas as noites por unidades de guerrilha da 1ª Divisão, que cercam a capital. A 10 de outubro de 1944, os partisans atacam a guarnição alemã de Tirana, atingindo as zonas centrais da cidade. Em 16 de outubro, libertaram Vlora e, em 24 de outubro, Korca, a última cidade ocupada do sul da Albânia.

Em 20 de outubro de 1944, teve início em Berat *a 2ª sessão da ANOSA*, na qual a ANOCA foi transformada em *Governo Democrático Provisório da Albânia* em 22 de outubro. O governo era chefiado pelo coronel-general Enver Hoxha, que assumiu os cargos de presidente e de ministro da Defesa Nacional.

Em 25 de outubro de 1944, o Alto Comando alemão na Albânia transferiu-se de Tirana para Shkodra, deixando uma divisão na capital com a tarefa de defender a cidade até que as últimas unidades da Wehrmacht tivessem deixado a Grécia. *Em 26 de outubro de 1944, o Conselho Superior da Regência e o governo fantoche declararam o fim das suas actividades.* Em 29 de outubro, os guerrilheiros, sob o comando do Major-General Mehmet Shehu, lançaram uma operação de libertação da capital albanesa. Em 17 de novembro de 1944, após 19 dias de combates, Tirana foi completamente libertada dos invasores nazis. Ao entrar em Shkodra, a 29 de novembro, o NOAA concluiu a libertação da Albânia. Em janeiro de 1945, os balistas tentaram um contra-ataque perto de Shkodra, mas foram derrotados. Posteriormente, o NOAA participou na libertação da vizinha Jugoslávia (Frasheri 1964, 281-304; PLA 1982, 130-181; Arsh et al. 1992, 367-382; Smirnova 2003, 229-252).[19]

Durante os anos de ocupação italiana e alemã, a Albânia, segundo dados oficiais, perdeu 28.000 pessoas (2,48%) de uma população de 1.125.000, ocupando o quinto lugar em termos de perdas humanas relativas entre os países da coligação antifascista. No total, 86 mil pessoas foram mortas e feridas, ou seja, 7,3% da população da força de trabalho mais ativa. Mais de um terço do parque habitacional do país foi queimado ou destruído (61 mil edifícios, o que equivale a 36,66% do total de edifícios), mais de um terço do gado foi destruído ou roubado, mais de um terço das árvores de fruto (34,2%) e das vinhas (33,65%) foram destruídas. Quase todas as minas, portos,

---

[19] Ver também: Pearson 2006.

estradas e especialmente pontes foram destruídos. As instalações industriais sofreram igualmente danos consideráveis. Os danos materiais causados à Albânia pelos ocupantes e pelos colaboradores totalizaram mais de 1.603 milhões de dólares (Frasheri 1964, 306). Numa base per capita, estes danos foram estimados em 960 dólares na Albânia, em comparação com 837 dólares na Grécia, 705 dólares na Jugoslávia e 68 dólares na Bulgária (Banja, Tochi 1979, 31).

Capítulo III
A instauração do regime comunista, a procura de aliados (1944-1992).

§1. vitória da Revolução Democrática Popular,
orientação para a Jugoslávia de Tito
(1944-1948).

Durante a Segunda Guerra Mundial, a Albânia foi o único país da Europa Oriental em cujo território o exército soviético não participou diretamente nas hostilidades. Tal como na Jugoslávia, mas ao contrário da maioria dos países da região, o Partido Comunista Albanês chegou ao poder sozinho. A sua superioridade em termos de poder e de aparelho administrativo permitiu-lhe estabelecer o seu poder sem qualquer fase intermédia de coligação. Para além disso, o CPA era mais flexível e independente na tomada de decisões fundamentais do que outras forças políticas (balistas, monárquicos, etc.). A popularidade dos comunistas junto da população foi facilitada pela quebra da hierarquia feudal e das restrições patriarcais, pela proclamação da igualdade das mulheres, pelo aumento da mobilidade social e pela introdução de programas sociais financiados pela ajuda económica soviética.

Já em dezembro de 1944, as empresas industriais e as sociedades anónimas foram colocadas sob o controlo do Estado. Em janeiro de 1945, os meios de produção de propriedade estrangeira foram nacionalizados, bem como o Banco Nacional da Albânia, cujos activos e passivos foram transferidos para o recém-criado *Banco do Estado*. No âmbito do governo, surgiram dois organismos de planeamento: o *Conselho Económico*, que elaborou um plano para todo o país, e a *Comissão de Planeamento*, que elaborou projectos para cada departamento (Smirnova 2003, 280).

Em fevereiro de 1945, foi fundada *a Associação Geral dos Sindicatos da Albânia*, cujo primeiro congresso se realizou em outubro. Em 1945, o Governo Democrático Provisório da Albânia foi reconhecido pela Jugoslávia (28 de abril), pela URSS (10 de novembro) e pela França (26 de dezembro). Em agosto de 1945, foi constituída a *Frente Democrática da Albânia* (DFA), que elegeu Enver Hoxha como presidente do seu Conselho Geral e adoptou o seu programa. Uma lei aprovada nesse mesmo mês introduziu *a reforma agrária* no país, que eliminou a base económica dos grandes proprietários e dos kulaks, colocando a terra nas mãos do campesinato trabalhador (PLA 1982, 189-190, 198-200).

Em 22 de setembro de 1945, foi assinado em Moscovo o primeiro acordo para que a União Soviética fornecesse à Albânia cereais e fertilizantes químicos, com base num empréstimo de 1,5 milhões de dólares (Smirnova 2003, 278).

Em 2 de dezembro de 1945, realizaram-se *eleições para a Assembleia Constituinte*, com 93% dos votos expressos a favor da DFA. Para além da maioria pró-comunista, um grupo de oposição de cerca de 20 deputados actuou durante algum tempo neste órgão, defendendo a democracia multipartidária e a economia de mercado, contra o monopólio do poder do Partido Comunista, a repressão política, a nacionalização total, a subordinação da Albânia à Jugoslávia de Tito e à URSS de Estaline, com uma orientação para a Grã-Bretanha e os EUA. No início de 1946, o regime reprimiu os activistas do *Grupo de Resistência*, totalmente democrático, *do empresário Sami Keribashi, do Grupo Monárquico do* advogado *Kenan Dibra e do Partido Social-Democrata do* escritor *Musina Kokalari.*

Em 2 de janeiro de 1946, o rei Zogu abdicou formalmente e, em 11 de janeiro, a Assembleia Constituinte proclamou a Albânia como República Popular. Em 14 de março de 1946, adoptou a Constituição da República Popular da Albânia (NRA), baseada nos modelos soviético e jugoslavo, que consolidou as transformações socioeconómicas e políticas do país. Em 16 de março de 1946, a Assembleia Constituinte foi transformada em Assembleia Popular da NRA, na qual a oposição existiu até à sua repressão final em 1947 (ver: Deputados 2021).

A Constituição da NRA reconhecia a propriedade estatal, cooperativa e privada dos meios de produção. As formas de propriedade estatal e cooperativa eram os pilares da construção do socialismo. A propriedade privada deveria ser restringida e eventualmente abolida à medida que a luta de classes na cidade e no campo se intensificasse. Ao mesmo tempo, era garantida a preservação dos bens pessoais dos trabalhadores. O órgão supremo do poder estatal e o único órgão legislativo do país era a Assembleia Popular, eleita por um período de 4 anos, à razão de 1 deputado por cada 8000 pessoas, com base no sufrágio universal, direto e igual, por voto secreto. O direito de eleger e ser eleito era reconhecido a todos os cidadãos que tivessem atingido a idade de 18 anos. A Assembleia Popular da ARN adoptava leis, aprovava o orçamento de Estado e o plano económico nacional. Elegeu o seu Presidium, formou o Governo (Conselho de Ministros), elegeu o Supremo Tribunal e nomeou o Procurador-Geral. As sessões ordinárias da Assembleia Popular eram convocadas duas vezes por ano pelo seu Presidium, que detinha o poder supremo do Estado entre as sessões. A Presidência da Assembleia Popular era composta por um Presidente, três Vice-Presidentes, um Secretário e dez membros. Os decretos da Presidência adoptados sobre determinadas matérias da competência da Assembleia Popular estavam sujeitos a aprovação na sessão seguinte. O órgão executivo e administrativo do poder estatal era o Governo (Conselho de Ministros), responsável perante a Assembleia Popular. Em conformidade com a Constituição, a Assembleia Popular elegeu, em 23 de março de 1946, Enver Hoxha como Presidente do Conselho de Ministros e Ministro dos Negócios Estrangeiros e da Defesa Nacional da NRA. Os órgãos locais do poder estatal eram os conselhos populares das aldeias, localidades, cidades e distritos, eleitos pela população por um período de 3 anos; os seus órgãos executivos e administrativos eram os comités executivos. O sistema judicial do ARN incluía o Supremo Tribunal, os tribunais distritais, os tribunais populares das cidades, aldeias e regiões montanhosas e os tribunais militares. A Constituição previa a possibilidade de criar tribunais especiais para julgar categorias especiais de casos (Albânia 1969, 383; PLA 1982, 200-205; Omari e Pollo 1988, 43-47).

Na 5ª reunião plenária do Comité Central do APC (fevereiro-março de 1946), que adoptou uma *orientação para a construção do socialismo segundo o modelo soviético*, Seifulla Maleshova, que defendia uma economia de mercado, foi afastado da direção do partido. Em maio de 1947, foi expulso do partido. A orientação para a construção do socialismo assumiu o significado de uma diretiva vinculativa (PLA 1982, 206-208; Arsh et al. 1992, 400-401; Smirnova 2003, 277-278).

Nos primeiros anos do pós-guerra, a Albânia foi muito influenciada pela vizinha Jugoslávia, que foi o primeiro país a reconhecer oficialmente o seu governo democrático. Foi aí, em Belgrado, que Enver Hoxha efectuou a sua primeira visita ao estrangeiro, em junho de 1946, onde foi condecorado com a Ordem do Herói do Povo. Em 9 de julho de 1946, foi assinado em Belgrado *o Tratado de Amizade, Cooperação e Assistência Mútua entre a FPRY e a NRA*. Durante o ano de 1947, a Albânia e a Jugoslávia chegaram a acordo sobre a tarifação do sistema monetário, equiparando o lek ao dinar a favor deste último, sobre a unificação dos preços e sobre a criação de sociedades mistas albanesas e jugoslavas. A assistência jugoslava à Albânia foi considerável, com o fornecimento de equipamento e maquinaria ao país e a presença de conselheiros militares e especialistas civis jugoslavos (Arsh et al.

1992, 404-405; O'Donnell 1999, 12, 19, 26, 158; Smirnova 2003, 283, 288).[20]
Em julho de 1946, a delegação albanesa, chefiada por E. Hoxha, participou, a título consultivo, na Conferência de Paz de Paris, onde foi confrontada com as reivindicações territoriais do regime monárquico grego relativamente ao chamado Épiro do Norte, com a cidade de Épiro do Norte. Em julho de 1946, a delegação albanesa, chefiada por E. Hoxha, participou, a título consultivo, na *Conferência de Paz de Paris,* onde foi confrontada com as reivindicações territoriais do regime monárquico grego relativamente ao chamado Épiro do Norte, com as cidades de Gjirokastra e Korca, bem como a ilha de Sazan. No entanto, no final, todos estes territórios permaneceram na Albânia (Smirnova 2003, 271272).

Em agosto de 1946, a Assembleia Popular promulgou a "Lei sobre o Plano Económico Nacional do Estado e a Comissão de Planeamento", que criou uma única *Comissão de Planeamento do Estado sob a alçada do Conselho de Ministros da ARN,* que desenvolveu o primeiro plano para 1947 (ibid., 280; Omari e Pollo 1988, 56).

Em 9 de setembro de 1946, eclodiu na comunidade de Postriba, no distrito de Shkodri, uma *revolta* anticomunista armada de Postriba, envolvendo balistas, monárquicos, chefes de clãs tradicionais e os seus seguidores nacionalistas camponeses muçulmanos ou católicos, que foi reprimida após vários dias de combates pelo Serviço de Segurança do Estado *de Sigurimi* (ver: Revolta de Postriba 2021).

Em 22 de outubro de 1946, um destacamento de navios de guerra britânicos entrou nas águas territoriais da ARN perto do estreito de Corfu (Kerkyra). Dois destroyers ficaram danificados quando embateram em minas remanescentes da Segunda Guerra Mundial. Este facto causou a perda de vidas e os britânicos retiraram-se das águas albanesas nessa mesma noite. O Reino Unido procedeu então à desminagem do estreito sem o consentimento da Albânia quando os navios de guerra britânicos entraram novamente em águas territoriais albanesas, desta vez na zona de Saranda. Em 9 de junho de 1947, em resposta à queixa britânica, o Conselho de Segurança das Nações Unidas adoptou uma resolução que recomendava que as partes submetessem o litígio ao Tribunal Internacional de Justiça de Haia, o que veio a acontecer.

Em dezembro de 1946, foram plenamente estabelecidas as relações diplomáticas entre a URSS e a ARN, embora as relações entre os dois países continuassem a ser bastante limitadas. No mesmo mês, numa sessão do

---

[20] De acordo com alguns investigadores ocidentais, o número de conselheiros jugoslavos na Albânia nesta altura aproximava-se dos 600 (Arsh et al. 1992, 406).

Conselho de Ministros dos Negócios Estrangeiros em Nova Iorque, foi reconhecido o direito da Albânia a uma indemnização de guerra por parte da Itália no montante de 5 milhões de dólares. Através de um tratado de paz assinado em Paris, em 10 de fevereiro, e que entrou em vigor em 15 de setembro de 1947, a Itália renunciou a todos os direitos e privilégios decorrentes da agressão. Reconheceu a independência e a soberania da Albânia, cedendo a esta última a ilha de Sazan (Dipslovar 1985/2, 107, 227-230; Smirnova 2003, 269, 271-272).

Após a libertação do país da ocupação fascista, o principal rival de Enver Hoxha na liderança albanesa era o Secretário Organizador do Comité Central do CPA, o Ministro dos Assuntos Internos Koci Dzodze, que favorecia uma cooperação estreita com a Jugoslávia. No entanto, Enver Hoxha era, nesta altura, favorável a uma aproximação à URSS. Em julho de 1947, visitou Moscovo, onde negociou com Estaline a ajuda soviética para a construção de instalações industriais e o desenvolvimento da agricultura. O resultado da sua visita foi um acordo para conceder à Albânia um empréstimo em condições favoráveis no valor de 6 milhões de dólares. Para além disso, o governo soviético decidiu fornecer gratuitamente armas ao *Exército Popular Albanês* (ANA). Em 11 de agosto de 1947, o Presidente do Presidium do Soviete Supremo da URSS, *N.M. Shvernik*, condecorou Enver Hoxha com a Ordem do Comandante-em-Chefe de Suvorov, Primeira Classe (Smirnova 2003, 281-282).

Entretanto, os conselheiros jugoslavos tinham estabelecido um controlo quase total sobre a economia albanesa. Em protesto, *Nako Spiru*, Ministro da Economia e Presidente do Comité de Planeamento do Estado do NRA, suicidou-se em novembro de 1947 (ibid., 282-286). *Em* oposição à influência jugoslava, Enver Hoxha assinou com Georgi Dimitrov, *em* 16 de dezembro de 1947, em Krichim (Bulgária), o *Tratado de Amizade, Cooperação e Assistência Mútua entre a ANR e a NRB* (Dipslovarbari 1985/1, 20-21).

No início de 1948, o grupo pró-jugoslavo liderado por Koci Dzodze tornou-se tão forte que expulsou e destituiu o Chefe do Estado-Maior da ANA, Mehmet Shehu, da liderança do partido. No entanto, a resolução do Cominform de 28 de junho de 1948, que condenava a política do CPJ, alterou profundamente a situação. No conflito com I. Broz Tito, E. Hoxha apoiou incondicionalmente Estaline. Em 1 de julho de 1948, foi concedido aos conselheiros jugoslavos um prazo de 48 horas para abandonarem a Albânia, foram anulados todos os acordos económicos e foi lançada uma violenta campanha anti-jugoslava na imprensa albanesa. O 11º plenário do Comité Central do CPA, realizado em setembro de 1948, afastou Koci Dzodze, Pandi Kristo e os seus associados dos órgãos dirigentes do partido. Em outubro de 1948, Kochi Dzodze foi obrigado a demitir-se do seu cargo no Governo. O reabilitado Mehmet Shehu tornou-se ministro do Interior e novamente chefe do Estado-Maior da AHA (PLA 1982, 237-241; Arsh et al. 1992, 383-407; O'Donnell 1999, 27; Smirnova 2003, 290-292). Em setembro-outubro de 1948, teve lugar no distrito de Tepelen, no sul da Albânia, uma revolta de camponeses da aldeia de Zapokika contra o regime de Enver Hoxha, reprimida pela polícia e por Sigurimi (ver: Revolta de Zapokika 2020).

§2. a Albânia na Comunidade Socialista
(1948-1961)

Em novembro de 1948, realizou-se em Tirana o *1.º Congresso do CPA*, que aprovou as *tarefas do plano bienal para a restauração e o desenvolvimento da economia nacional do NRA* (1949-1950). O conteúdo principal da política do partido no campo foi definido como uma firme confiança nos pobres, uma aliança com as classes médias e a luta pela restrição dos elementos capitalistas no campo. Na indústria, previa-se o desenvolvimento das indústrias extractivas e ligeiras e da energia, bem como o aumento da produção bruta. No comércio, previa-se o reforço do sector estatal, a expansão e a melhoria do sector cooperativo e o reforço do controlo do sector privado. No domínio da cultura e do esclarecimento, foi planeada a eliminação do analfabetismo, o aumento do nível de conhecimentos profissionais, a formação de especialistas com formação superior na URSS e nos países de democracia popular. O Congresso adoptou os Estatutos do Partido e decidiu mudar-lhe o nome para *Partido do Trabalho Albanês* (APT). Após o fim da guerra, o partido continuou na clandestinidade, pelo que o congresso decidiu legalizá-lo.

<sub>O órgão supremo do APT era o Congresso, que elegia o Comité Central, bem como as Comissões Centrais de Controlo e de Auditoria. O Comité Central elegeu um Politburo para dirigir o trabalho do Comité Central entre os plenários e um Secretariado para dirigir o trabalho quotidiano do partido (ver: APT 1969).
O objetivo final dos comunistas foi formulado na Carta da APT da seguinte forma "a criação de uma sociedade comunista na qual as distinções de classe serão completamente abolidas, as fronteiras entre a cidade e o campo serão apagadas, um alto nível de produção será alcançado e o princípio de 'de cada um de acordo com a sua capacidade, para cada um de acordo com as suas necessidades' será realizado" (citado em: Arsh et al. 1992, 408).</sub>

Enver Hoxha foi eleito secretário-geral do Comité Central da APT. K. Dzodze e P. Kristo foram expulsos do Partido pelas suas actividades pró-jugoslavas. Os documentos adoptados no congresso formularam pela primeira vez em termos gerais o *programa de construção socialista*, que previa a industrialização e eletrificação do país, a coletivização gradual da agricultura e o desenvolvimento da revolução cultural. Em conformidade com a diretiva

do I *Congresso* do Partido, o *Congresso de Unificação da Juventude Albanesa*, realizado em Shkodra em setembro de 1949, decidiu fundir o KCMA com a Organização Popular da Juventude (até outubro de 1946, União da Juventude Anti-Fascista da Albânia) numa única *União da Juventude Trabalhista da Albânia* (STMA) (PLA 1982, 242253; Arsh et al. 1992, 407-410; O'Donnell 1999, 37).
Em 22 de fevereiro de 1949, a Albânia foi admitida no Conselho de Assistência Económica Mútua (CMEA). Em maio de 1949, estabeleceu relações diplomáticas com o MNR. No mesmo mês, Kochi Dzodze, juntamente com os seus apoiantes, foi julgado sob a acusação de traição. Foi condenado à morte e fuzilado em junho. Em agosto de 1949, o exército albanês repeliu um ataque das forças gregas sob o comando do general *Napoleão Zervas*. *Em 12 de novembro de 1949, a Jugoslávia denunciou o Tratado de Amizade, Cooperação e Assistência Mútua com a Albânia devido à posição hostil de Tirana.* Em novembro de 1949, a Albânia estabeleceu relações diplomáticas com a RPC e, em dezembro, com a RDA (Omari e Pollo 1988, 123-125; O'Donnell 1999, 29; Smirnova 2003, 296-297).
Relativamente ao referido incidente no Estreito de Corfu, o Tribunal Internacional de Justiça de Haia, na sua sentença de 10 de dezembro de 1949, embora constatando a violação da soberania albanesa, considerou a Albânia responsável pelo facto de os navios britânicos terem explodido sobre minas nas suas águas territoriais e, sob pressão das potências ocidentais, condenou-a ao pagamento de uma indemnização monetária (o juiz soviético não se associou a esta decisão). Na sequência da recusa de Tirana em cumprir a decisão do Tribunal, o governo britânico bloqueou o ouro do antigo Banco Nacional da Albânia, armazenado em Roma e trazido para Londres no final da guerra (Smirnova 2003, 269-270).[21]
Em fevereiro de 1950, dois membros do governo, o Ministro dos Transportes *Niyazi Nelami* e o Ministro da Indústria *Abedin Shehu*, afirmaram que a direção do partido tinha planeado números irrealistas para o biénio, em especial para a produção de petróleo. O Secretário do Comité Central do APT, *Bedri Spahiu*, qualificou esta posição como antipartidária e sugeriu que o caso fosse apresentado à Comissão de Controlo do Partido. N. Islami, que não esperava uma tal reviravolta, suicidou-se, e os discursos dos seus

---

[21] Em 29 de outubro de 1996, foi alcançado um acordo em Londres, segundo o qual o governo britânico devolveria à Albânia uma tonelada e meia de ouro, no valor de 19 milhões de dólares, exportada durante a Segunda Guerra Mundial pelos nazis alemães e posteriormente guardada nos cofres do Banco de Inglaterra (Simon Jr. 1997, 22).

colaboradores foram equiparados a uma tentativa de sabotagem do plano. Ao mesmo tempo, foi também descoberto o grupo antipartidário de G'in a *Marku* e Nedjip *Vinchani*, que tentava minar a política e a direção do partido no exército.

Na *2ª Conferência da APT em todo o Albânia*, realizada em abril de 1950, o grupo A. Shehu-N. Islyami foi rotulado de trotskista. O grupo Shehu-N. Islami foi rotulado de trotskista. A detenção dos seus membros completou os procedimentos relativos às linhas partidárias e estatais da época. A mulher de Mehmet Shehu, Fikrete, e o seu cunhado, *Kadri Hazbiu,* ocuparam os lugares vagos de candidatos ao Comité Central. Na conferência e posteriormente, a tónica foi colocada na exposição dos inimigos dentro do próprio partido. Neste ambiente, os documentos do partido foram controlados, o que resultou na expulsão de 8% do total de membros do APT nos primeiros seis meses (PLA 1982, 263266; Smirnova 2003, 301-302).

Em maio de 1950. O 2º Congresso da DFA adoptou os seus estatutos. A Frente funcionava sob a direção da APT, com adesão individual. O órgão supremo da DFA era o congresso, que, de acordo com os novos Estatutos adoptados no 3º congresso em junho de 1955, devia ser convocado de 4 em 4 anos, e entre congressos o Conselho Geral e a sua Direção eleita (ver: DFA 1972). Os congressos da DFA também se realizaram em setembro de 1967, junho de 1979 e junho de 1989 (ver: DFA 2024).

4 de julho de 1950. A Assembleia Popular adoptou uma *nova versão da Constituição da República Popular da Albânia*, relacionada com as mudanças socioeconómicas ocorridas no país desde a sua adoção. Assim, o artigo 2.º afirmava que "a República Popular da Albânia é um Estado de trabalhadores e camponeses activos". Além disso, foi consagrado o papel preponderante do APT em todas as esferas da vida do país, bem como o apoio do Estado à coletivização da agricultura, e a DFA foi oficialmente reconhecida juntamente com os sindicatos, as cooperativas e outras organizações de massas (PLA 1982, 267-268; Omari e Pollo 1988 121-122; DFA 2023). Em matéria de política externa, a Albânia cortou relações diplomáticas com a Jugoslávia em novembro de 1950 (ver: Chronos 2002).

Na segunda metade da década de 1940, existia em Mirdit, no norte da Albânia, uma ativa resistência anticomunista, dirigida por representantes da influente família *Marka Gjoni*. *O Comité Nacional das Minas* (Komiteti Kombetar i Maleve), criado por eles e composto principalmente por católicos, esteve ativo entre 1945 e 1950. Em consequência das suas actividades subversivas, o controlo do governo de E. Hoxha sobre Mirdita foi estabelecido mais tarde do que sobre qualquer outra região do país (ver: Comité Mineiro 2019).

No início dos anos 50, vários grupos armados anticomunistas infiltraram-se na Albânia. Todos eles foram destruídos devido à traição do duplo agente anglo-soviético *Kim* a *Filby*. Em 19 de fevereiro de 1951, um antigo funcionário do Ministério do Interior do IRA, *Hüsen Lula*, associado ao Comité Nacional emigrado "Albânia Livre", no qual os balistas desempenhavam um papel preponderante, lançou uma bomba de fabrico caseiro contra o edifício diplomático soviético em Tirana, sem, no entanto, causar danos graves. Alguns dias mais tarde, foi morto num tiroteio com o pessoal de Sigurimi. Na sua reunião de emergência de 20 de fevereiro de 1951, o Politburo do Comité Central da ANT decidiu executar sumariamente os intelectuais da oposição. As prisões foram efectuadas de acordo com listas especiais, mas nenhum dos reprimidos foi sequer acusado de envolvimento no bombardeamento da missão diplomática soviética. Em consequência, 22 pessoas - políticos influentes, homens de negócios, economistas, advogados, engenheiros, oficiais, entre os quais os mais famosos eram o homem de negócios *Yonuz Osman Kaceli* e o biólogo *Sabiha Kasimati* - foram fuziladas em 25 e 26 de fevereiro. Em 26 de fevereiro de 1951, a Assembleia Popular da NRA aprovou uma lei de emergência "antiterrorismo" que conferia a Sigurimi poderes ilimitados.

O massacre de fevereiro de 1951 eliminou praticamente toda a oposição potencial ao regime comunista na Albânia. Os últimos grupos clandestinos e os possíveis líderes dos movimentos sociais foram destruídos. No entanto, a repressão no país continuou nas décadas seguintes do socialismo, uma vez que a perseguição de vários elementos burgueses e de opositores à coletivização agrícola não cessou (ver: O massacre de 1951 na Albânia (2018)).

O plenário de fevereiro (1951) do Comité Central do APT expulsou do Politburo e destituiu do cargo de secretário de organização *Tuca Iacovu*, que se opunha à linha geral do Partido de dar prioridade ao desenvolvimento das indústrias pesadas e sobretudo extractivas, considerando irrealistas as tarefas do plano bienal em alguns sectores da economia nacional. Além disso, mantinha laços estreitos com os círculos reacionários do clero católico (PLA 1982, 268-271; Smirnova 2003, 302).

Em 1952, a URSS construiu uma base naval para os seus próprios submarinos na ilha de Sazan, perto de Vlora (O'Donnell 1999, 3738). Em março-abril de 1952, realizou-se o *2.º Congresso da APT*, que definiu como principais tarefas políticas do partido "reforçar a aliança da classe operária com o campesinato trabalhador e consolidar o papel de liderança da classe operária nesta aliança; restringir os elementos capitalistas e especulativos na cidade e no campo; elevar o nível cultural das massas trabalhadoras; elevar a consciência socialista da classe operária e reforçar a vigilância revolucionária e o patriotismo de todos os trabalhadores" (citado em Arsh et al. 1992, 411). O Congresso aprovou as tarefas do 1º Plano Quinquenal para o desenvolvimento da economia nacional da Albânia (1951-1955), propondo como principal tarefa económica "a continuação da construção das bases económicas do socialismo a um ritmo mais rápido, de modo a que, no final do Plano Quinquenal, o nosso país passe de um país agrário atrasado a um país agrário-industrial" (ibid.).

Após a morte de Estaline (5 de março de 1953), começou a instalar-se uma crise nas relações soviético-albanesas. Em junho de 1953, uma delegação do partido e do governo albanês, chefiada por Enver Hoxha, chegou a Moscovo com o objetivo de obter um empréstimo económico e militar. O seu encontro com *G.M. Malenkov*, Presidente do Conselho de Ministros da URSS, não conduziu a um entendimento. Consequentemente, pela primeira vez, foi negado à parte albanesa o montante de assistência que tinha solicitado (PLA 1982, 273-279; Hoxha 1980, 20-25).

Em agosto de 1953, um dos colaboradores mais próximos de Enver *Hoxha, Haji Leshi*, foi eleito Presidente do Presidium da Assembleia Popular do NRA, em vez de Omer Nishani. Simultaneamente, foi alcançado um acordo para transformar a missão soviética em Tirana numa embaixada. Depois da URSS, a Albânia mostrou-se disposta a melhorar as suas relações com a Jugoslávia, tendo restabelecido relações diplomáticas com este país em dezembro de 1953 (ver: Chronos 2002).

A subestimação do estímulo económico e o desejo de administração levaram a um maior aprofundamento das anteriores desproporções entre as taxas de crescimento de cada sector da economia e tiveram um impacto negativo na agricultura. Por isso, em dezembro de 1953, o Plenário do Comité Central do APT introduziu sérias alterações no Plano Quinquenal. Os investimentos de capital foram distribuídos essencialmente de novo, tendo em conta as necessidades da agricultura e da indústria ligeira (Arsh et al. 1992, 411-412).

Em junho de 1954, Enver Hoxha e o vice-primeiro-ministro Husni Kapo deslocaram-se a Moscovo para resolver os problemas económicos albaneses com os dirigentes soviéticos. Nessa altura, teve lugar a primeira reunião de alto nível de E. Hoxha com o Primeiro Secretário do Comité Central do PCUS, N.S. Khrushchev, que levantou a questão do papel e dos princípios da eleição do chefe da APT (Hoxha 1980, 33-41). Na sequência disto, o plenário de julho (1954) do Comité Central da APT decidiu "abolir o cargo de

Secretário-Geral do Partido por ser desnecessário e supérfluo e criar o cargo de Primeiro Secretário do Comité Central" (ver: Cisão Soviético-Albanesa 2018). Enver Hoxha foi eleito para o novo cargo. Mehmet Shehu tornou-se o Presidente do Conselho de Ministros. Em 14 de maio de 1955, a Albânia, juntamente com a União Soviética e seis países da Europa Oriental, assinou o Tratado de Amizade, Cooperação e Assistência Mútua, que criou a *Organização do Pacto de Varsóvia* (OMP). Em junho de 1955, o chamado grupo de direita, constituído por Tuka Jakovi e Bedri Spahiu, foi expulso do Comité Central do APT. *Em 14 de dezembro de 1955, a Albânia foi admitida na Organização das Nações Unidas (ONU)* (PLA 1982, 287-293, 305; Chronos 2002).

O crescimento da economia permitiu *realizar* na ARN, *a partir de janeiro de 1956, a supressão parcial do sistema de cartões* (para os produtos industriais produzidos localmente e para alguns géneros alimentícios), a supressão das restrições ao comércio no campo e a aplicação, a partir de 30 de abril de 1956, da redução dos preços públicos dos produtos industriais e de alguns géneros alimentícios.[22]

Na tirânica conferência do partido, em abril de 1956, o confronto entre a direção estalinista ortodoxa da APT e os partidários do "degelo" de Khrushchev, que ficou na história da Albânia como a **"primavera enganada"** *(pranvera e rrejshme)*, atingiu o seu clímax. Em consequência, vários delegados do grupo pró-Khrushchev que se permitiram polemizar com Enver Hoxha foram presos. *Dali Ndreu, Liri Gega, Nesti Zoto* e *Vehip Demi* foram logo fuzilados. O general *Panayot Pljaku* fugiu para a Jugoslávia, onde foi mais tarde morto por agentes da Sigurimi. Tuc Iacova foi condenado a prisão perpétua e morreu na prisão, Bedri Spahiu foi condenado a 25 anos. Dezenas de outros delegados foram suspensos dos seus cargos anteriores, expulsos do partido e colocados sob a supervisão de Sigurimi. A própria conferência do partido foi declarada uma "conspiração jugoslava" (ver: "A primavera Enganada de 1956" (2018)).

O 3.º Congresso da APT (maio-junho de 1956) analisou os resultados da execução do 1.º Plano Quinquenal, tendo constatado *a realização* do *objetivo principal de* **transformar a Albânia de um país agrário atrasado num país agrário-industrial**. Foram introduzidas alterações nos Estatutos do APT. Embora o partido condenasse formalmente o culto da personalidade, Koci Dzodze e os seus colaboradores não foram reabilitados (PLA 1982, 295-306).

---

[22] A partir de 26 de novembro de 1956, verificou-se uma nova redução dos preços de venda a retalho dos produtos industriais e alimentares (BSE Yearbook 1957, 233).

As diretivas para o 2º Plano Quinquenal de Desenvolvimento da Economia Nacional (1956-1960), aprovadas pelo Congresso, orientavam o país para "um maior desenvolvimento da indústria, especialmente da indústria mineira, principalmente com base na plena utilização das capacidades de produção existentes e na mobilização das reservas internas" (citado em Arsh et al. 1992, 413). Nem tudo o que tinha sido planeado pôde ser cumprido, mas, de um modo geral, a experiência adquirida na gestão da economia nacional contribuiu para o crescimento de muitos dos seus ramos. A maior parte do equipamento para as novas empresas industriais, bem como a maquinaria para outros sectores da economia nacional, foi importada da URSS. Os fornecimentos foram efectuados com base em empréstimos a longo prazo (ibid., 414).

Em setembro-outubro de 1956, Enver Hoxha visitou Pequim para participar como convidado no 8º Congresso do PCC, onde se encontrou com Mao Zedong, o que deu início à aproximação entre a NRA e a RPC (O'Donnell 1999, 44). Segundo os peritos ocidentais, entre 1955 e 1957, o volume de negócios entre os dois países aumentou 6 vezes e os empréstimos chineses aumentaram de 4,2 para 21,6 por cento do total de empréstimos estrangeiros à Albânia (Arsh et al. 1992, 425).

A Albânia tornou-se o único país da Europa Oriental cujos dirigentes se recusaram praticamente **a seguir a linha do 20º Congresso do PCUS.** A APT não reconhecia o estatuto do SCU como membro de pleno direito do movimento comunista e operário internacional. Além disso, o plenário de fevereiro (1957) do Comité Central da APT traçou uma linha para a restauração gradual de uma avaliação positiva das actividades de Estaline. No início, esta linha estava geralmente de acordo com as tendências na URSS, mas mais tarde o processo desenvolveu-se a um ritmo mais rápido (PLA 1982, 310-312; Smirnova 2003, 317).

Na sequência das negociações intergovernamentais realizadas em Moscovo de 11 a 17 de abril de 1957, foi assinada uma declaração conjunta soviético-albanesa. Esta declaração referia, em especial, que o Governo soviético tinha prestado à Albânia, em condições favoráveis, uma grande assistência económica e financeira para o desenvolvimento da economia nacional. Foi acordado que a Albânia ficaria isenta da obrigação de reembolsar os empréstimos anteriormente concedidos para a aquisição de equipamento, materiais e outros bens no montante de 422 milhões de rublos. Para além disso, o Governo Soviético concordou em emprestar à Albânia 31 milhões de rublos para fornecer à Albânia as reservas de alimentos e de cereais necessárias no âmbito da abolição total do sistema de cartões de abastecimento da população. Tudo isto contribuiu para o cumprimento dos objectivos industriais planeados e para o aumento do bem-estar do povo albanês (BSE Yearbook 1958, 198; Dipslovar 1986, 60-61; Arsh et al. 1992, 414).

Em maio de 1957, a Albânia e a Jugoslávia assinaram um acordo sobre a quarentena e o controlo de pragas e doenças das plantas agrícolas e, em setembro, um acordo sobre as comunicações postais e telegráficas. Em 22 de junho de 1957, foi assinado em Roma um acordo entre a Albânia e a Itália sobre a resolução de questões económicas decorrentes do tratado de paz de 1947 com a Itália, nomeadamente sobre o procedimento de pagamento de reparações pela Itália à Albânia. Em setembro de 1957, pela primeira vez na história da Albânia, foi inaugurada uma universidade pública em Tirana. *Em 1 de novembro de 1957, o sistema de cartões* para os produtos alimentares foi *completamente abolido* na Albânia. Simultaneamente, os salários dos trabalhadores e dos empregados, as bolsas de estudo e as pensões foram aumentados (BSE Yearbook 1958, 198-199, 263).

A delegação da APT participou na Reunião de Representantes dos Partidos Comunistas e Operários dos Países Socialistas (Moscovo, 14-16 de novembro de 1957) e na assinatura da sua Declaração, bem como na Reunião de Representantes dos Partidos Comunistas e Operários (Moscovo, 16-19 de novembro de 1957), que adoptou o Manifesto para a Paz (PLA 1982, 314-315). Em 24 de novembro de 1957, foi assinado em Moscovo um acordo soviético-albanês que previa a concessão ao ARN de um empréstimo suplementar a longo prazo de 160 milhões de rublos para o desenvolvimento da indústria e da agricultura em 1957-1960 (Arsh et al. 1992, 424).

Em dezembro de 1958, durante a visita à URSS da delegação do partido-governo do NRA chefiada por E. Hoxha e M. Shehu, foram discutidas as questões relativas ao desenvolvimento da cooperação económica soviético-albanesa e à assistência à Albânia na execução do 3º Plano Quinquenal (1961-1965). Nesta altura, a URSS começou a introduzir um novo conceito de divisão internacional do trabalho socialista, atribuindo à Albânia o papel de fornecedor de produtos agrícolas e minerais a outros países membros do CMEA. No total, entre 1957 e 1959, a URSS e a ARN concluíram acordos sobre empréstimos a longo prazo num total de 526 milhões de rublos (ibid., 424-425).

Em 28 de abril de 1959, foi publicada a decisão do Comité Central da APT e do Conselho de Ministros da ARN sobre a redução dos preços de venda a retalho dos bens de consumo, o aumento simultâneo dos preços de aquisição, a supressão das entregas obrigatórias de certos produtos agrícolas, a supressão das entregas obrigatórias e a anulação das dívidas de fornecimento e fiscais das explorações camponesas que aderiram às cooperativas de produção (BSE Yearbook 1960, 190).

Em maio de 1959, realizou-se em Tirana a *11ª sessão do CMEA*, que analisou os relatórios e as propostas apresentados pelas comissões permanentes sobre as relações económicas multilaterais decorrentes dos planos de desenvolvimento prospectivos ou dos cálculos dos países sobre os ramos mais importantes da indústria até 1965. A sessão debateu a questão do aumento preferencial dos recursos de carvão para coque nos países socialistas europeus. Discutiu também propostas para a unificação dos sistemas energéticos dos países membros da CMEA e o intercâmbio mútuo de energia eléctrica. A sessão analisou recomendações sobre a especialização e a cooperação no sector da construção de máquinas. Decidiu-se traçar o perfil da engenharia mecânica de cada país em determinados tipos de produtos, o que criou condições mais favoráveis para o intercâmbio mútuo de produtos especializados (ibid., 418-419).

De 24 de maio a 4 de junho de 1959, a ARN recebeu a visita oficial de N.S. Khrushchev, Primeiro Secretário do Comité Central do PCUS e Presidente do Conselho de Ministros da URSS, que sugeriu que, em vez de seguirem uma política de industrialização, os albaneses se concentrassem na cultura de citrinos (Smirnova 2003, 317-318). Na sua opinião, a NRA deveria ter cultivado laranjas para exportação, em vez de produzir cereais, que a URSS podia fornecer na totalidade. Khrushchev afirmou que a quantidade de cereais que a Albânia consumia num ano era alegadamente comida por ratos na União Soviética (Banja, Tochi 1979, 8). A declaração conjunta soviético-albanesa adoptada após a visita referia que os interesses dos povos da Península Balcânica e do Adriático seriam servidos pelo estabelecimento de uma zona livre de armas nucleares e de mísseis na região (Arsh et al. 1992, 425).

Em dezembro de 1959, uma sessão da Assembleia Popular da NRA adoptou uma lei que criava o Ministério das Minas e Geologia e o Ministério da Indústria. No mesmo mês, foi assinado um contrato comercial entre as organizações albanesas de comércio externo e a empresa grega Trastetz no valor de 3 milhões de dólares. Tratou-se do primeiro acordo comercial entre a Albânia e a Grécia no pós-guerra (BSE Yearbook 1960, 190-191).

Na polémica soviético-chinesa que teve lugar na reunião dos representantes dos partidos comunistas e operários (Bucareste, junho de 1960), a delegação albanesa dirigida por X. Capo ficou do lado do PCC. A delegação albanesa, chefiada por X. Capo, ficou do lado do PCC. Depois disso, a URSS suspendeu o fornecimento de cereais à Albânia, pelo que os seus dirigentes tiveram de comprar trigo em França a troco de moeda forte. Os fornecimentos à ANA através do IAB também cessaram. Em julho de 1960, os serviços de segurança do Estado da ARN descobriram uma conspiração inspirada pelo contra-almirante *Teme Seiko*. No plenário de setembro (1960) do Comité Central do APT, os khrushchevitas *LiriBelishova* e *Kocho Tashko* foram afastados de todos os cargos e expulsos do partido sob a acusação de conspiração antiestatal (Hoxha 1980, 95, 417, 426; PLA 1982, 328332; O'Donnell 1999, 47-48; Smirnova 2003, 324-325).

A APT participou na reunião dos representantes dos partidos comunistas e operários (Moscovo, 10 de novembro-1 de dezembro de 1960). Assinou a declaração da reunião e um apelo aos povos do mundo. Este fórum assistiu a uma nova escalada do conflito sino-soviético, no qual Enver Hoxha, em nome da APT, apoiou pessoalmente o PCC (PLA 1982, 333-340; Omari e Pollo 1988, 209210).

No início de 1961, sob pressão do Kremlin, todos os países socialistas, com exceção da Hungria, congelaram os seus empréstimos anteriores e restringiram a cooperação económica com a Albânia. Em 20 de janeiro de 1961, o Governo da URSS decidiu convocar, no prazo de 7 a 10 dias, todos os especialistas soviéticos que trabalhavam na indústria petrolífera da ARN, devido à expiração do acordo de 24 de novembro de 1957 (Facts 1964, 49).

O 4º Congresso da APT (fevereiro de 1961) foi o último em que participaram delegações do PCUS e de outros partidos no poder da Europa de Leste. Declarou que as **bases económicas do socialismo tinham sido construídas** no país, introduziu algumas alterações na Carta do Partido e aprovou diretivas para o desenvolvimento da economia e da cultura do NRA no 3º Plano Quinquenal (1961-1965). Estas diretivas demonstravam a recusa do APT em seguir os conselhos do PCUS. Assim, em vez de investimentos de capital no desenvolvimento da agricultura, como insistia Khrushchev, a Albânia, seguindo os conselhos de colegas chineses, planeou um surto industrial em grande escala. Nas suas decisões, o Congresso constatou que, de um modo geral, o país tinha conseguido adaptar-se a uma economia multi-estruturada e que tinha sido criado um sistema económico socialista unificado. A Albânia entrou no período de construção da base material e técnica do socialismo e acelerou o movimento no sentido da transformação do país de agrário-industrial em industrial-agrário (PLA 1982, 341-351; Arsh et al. 1992, 429-430).

Em 23 de abril de 1961, em Pequim, as delegações da RPC e da ARN assinaram três documentos: um protocolo sobre o fornecimento pela China de equipamento completo e de assistência técnica para a construção de 25 empresas industriais na Albânia, um protocolo sobre as condições de intercâmbio de especialistas e um protocolo sobre a utilização do crédito chinês, que tinham sido acordados já em 2 de fevereiro.[23]

Em 25 de abril de 1961, quando foi publicado um relatório sobre os resultados da reunião de Pequim no jornal Zeri i Popullit, órgão do Comité Central do APT, foi ordenado a todos os especialistas soviéticos que abandonassem imediatamente a Albânia. No dia seguinte, o governo da URSS anulou todos os acordos económicos com a ARN. A 26 e 27 de abril de 1961, os especialistas soviéticos interromperam os trabalhos de construção do Palácio da Cultura de Tirana, que o PCUS tencionava inicialmente doar ao APT. Um carregamento de materiais de construção para o palácio, que chegou a Durres a 13 de abril, foi enviado de volta para a URSS sob o pretexto de que os materiais tinham sido carregados alegadamente por engano e não se destinavam à Albânia (Facts 1964, 54; Smirnova 2003, 323). A 4 de junho de 1961, a base naval soviética de Vlora foi encerrada e cessou a formação de oficiais e cadetes albaneses nas academias e escolas militares soviéticas. Em setembro de 1961, os dirigentes albaneses decidiram não enviar uma delegação à sessão seguinte do CMEA, uma vez que, sob pressão da URSS, a cooperação com a Albânia em matéria de produção e de actividades científicas tinha cessado (Omari e Pollo 1988, 283-284, 286; Arsh et al. 1992, 427; Smirnova 2003, 324). Em dezembro de 1961, a URSS cortou as relações diplomáticas com a Albânia. No entanto, os outros países da comunidade socialista apenas reduziram a sua representação diplomática e continuaram a manter relações comerciais com a NRA (Factos 1964, 10-13, 16-30; Smirnova 2003, 325).

§3 Aliança com a China maoísta
(1961-1978)

A retirada dos especialistas soviéticos teve consequências nefastas na maior parte dos sectores da economia da ARN, nomeadamente na exploração petrolífera, na exploração mineira e na construção. Só na indústria, 40 projectos importantes ficaram inacabados (Omari e Pollo 1988, 214). A

---

[23] No entanto, os empréstimos chineses ficaram para trás e só começaram a chegar a partir de 1963 (Arsh et al. 1992, 431).

execução do 3º Plano Quinquenal (1961-1965) estava em perigo. O Comité Central da APT e o Conselho de Ministros da NRA tiveram de rever urgentemente os objectivos do 3º Plano Quinquenal - alguns projectos foram suspensos ou cancelados, foi introduzida a substituição de importações (ibid. 215). **Depois de romper com a União Soviética, a Albânia estabeleceu uma estreita aliança política, económica e militar com a China.** *Três postulados principais - a formulação da "autossuficiência", a teoria da "fortaleza sob cerco" e a teoria das "duas superpotências" - **constituíram a base ideológica da política da APT durante muitos anos*** (Arsh et al. 1992, 433).

A partir de março de 1962, os representantes albaneses deixaram de participar nos trabalhos dos órgãos do CMEA (Shaidurov 2008, 121). Em 18-19 de março de 1962, um forte terramoto atingiu a Albânia. O Comité Executivo da União das Sociedades da Cruz Vermelha e do Crescente Vermelho da URSS decidiu prestar assistência à população das zonas afectadas pela catástrofe, mas a decisão foi rejeitada pelos dirigentes da Cruz Vermelha Albanesa (BSE Yearbook 1963, 193-194).

Em 11 de junho de 1963, a Assembleia Popular da NRA aprovou uma *lei sobre a reorganização do sistema de ensino público*. Em vez da anterior escola de sete anos, foi criada uma escola secundária politécnica incompleta de oito anos, que combinava o ensino com o trabalho socialmente útil, e o ensino de oito anos tornou-se obrigatório. A lei previa igualmente medidas para reforçar as ligações entre o ensino superior e a indústria.

No Congresso Mundial das Mulheres em Moscovo (junho de 1963) e na reunião do Conselho Mundial da Paz em Varsóvia (novembro-dezembro de 1963), os representantes albaneses votaram contra os documentos mais importantes destes fóruns. Em 27 de dezembro de 1963, o Ministério dos Negócios Estrangeiros albanês, sob pretextos espúrios, exigiu inesperadamente a partida de Tirana do pessoal técnico soviético deixado ali por acordo entre a URSS e a ARN para guardar os edifícios das instituições representativas soviéticas, e chamou o seu pessoal de Moscovo (BSE Yearbook 1964, 199).

Em 23 de fevereiro de 1966, em ligação com as tentativas da liderança tirana de dividir o PORP, o governo polaco declarou indesejável a continuação da estadia do embaixador albanês em Varsóvia devido à sua violação dos princípios do direito internacional e da ordem estabelecida no PORP.

O plenário do Comité Central da APT, realizado em 4 de março de 1966, aprovou medidas de reorganização do partido e do aparelho de Estado, bem como do exército. Na luta contra a burocracia, o número de funcionários públicos foi reduzido para metade. A Carta Aberta do Comité Central da APT, publicada após o plenário, estabelecia, entre outras coisas, a tarefa de fazer regressar ao campo "todos os trabalhadores que se deslocaram para as cidades nos últimos anos e que não têm qualquer especialidade". Em março-novembro de 1966, apenas cerca de 15.000 trabalhadores do partido e do aparelho de Estado foram enviados de volta à produção, principalmente para o campo.

A sessão da Assembleia Popular, realizada em 16 e 17 de março de 1966, decidiu reduzir o número de ministérios de 19 para 13, abolir 3 cargos de Vice-Presidente do Conselho de Ministros e reduzir a composição do seu Conselho de 7 para 4 membros. Em 4 de junho de 1966, o Conselho de Ministros da ARN decidiu declarar 1967 como ano jubilar, em ligação com o 17 de janeiro de 1968. aniversário da morte do herói nacional albanês Skanderbeg. Em 14 de setembro de 1966, o Ministério da Justiça foi abolido na Albânia e as suas funções foram assumidas pelo Ministério do Interior (BSE Yearbook 1967, 213).

Em novembro de 1966, realizou-se o *5º Congresso da APT*, onde se manifestou claramente a orientação anti-soviética dos dirigentes albaneses. O Congresso aprovou as diretivas para o 4º Plano Quinquenal para o desenvolvimento económico e cultural da ARN (1966-1970) e introduziu algumas alterações na Carta do Partido. A principal tarefa do 4.º Plano Quinquenal tinha por objetivo "assegurar um maior desenvolvimento das forças produtivas no interesse da aceleração da construção completa da base material e técnica do socialismo" (citado em: Arsh et al. 1992, 434).

Entre 1966 e 1969, a Albânia sofreu uma *revolução cultural e ideológica* inspirada no exemplo da China maoísta, durante a qual foram encerradas mesquitas e igrejas e desmanteladas instituições religiosas. **Em 1967, a Albânia foi proclamada o primeiro Estado ateu do mundo.**

Em abril de 1967, uma resolução conjunta do Comité Central da APT e do Conselho de Ministros da NRA introduziu uma série de alterações no sistema fiscal, com o objetivo de melhorar os rácios e reduzir a diferença entre os níveis salariais dos trabalhadores de diferentes categorias, e em novembro de 1968 o anterior sistema fiscal foi completamente abolido (Baña e Tochi 1979, 256; PLA 1982, 455).

A partir de janeiro de 1968, representantes da etnia albanesa do Kosovo começaram a participar em eventos científicos e culturais em Tirana. *Em setembro de 1968, a Albânia, juntamente com a Jugoslávia e a Roménia,*

condenou a Doutrina Brejnev e a introdução de tropas da Commonwealth socialista na Checoslováquia *e, por decisão da Assembleia Popular, retirou-se da OVD*. O país começou a construir numerosos bunkers e bases de bunkers para se defender contra invasões marítimas e aéreas (PLA 1982, 391-416, 430-450, 462; Omari e Pollo 1988, 290; Arsh et al. 1992, 435; O'Donnell 1999, 141).
Em 1969, realizaram-se dois plenários do Comité Central da APT. O plenário de junho resumiu e discutiu os resultados da "discussão a nível nacional sobre a continuação da revolução da escola". O plenário de dezembro analisou a questão, claramente atrasada, do "trabalho do partido e das organizações de massas, do Estado e dos organismos económicos, a fim de aumentar ainda mais a produtividade do trabalho e reforçar a disciplina proletária no trabalho". A direção da APT foi forçada a discutir esta questão porque a baixa produtividade do trabalho, a baixa disciplina e outros fenómenos negativos ameaçavam a implementação do 4º Plano Quinquenal. Durante esse ano, *grandes grupos de trabalhadores das cidades e das aldeias das planícies foram enviados para trabalhar nas regiões montanhosas durante 1 a 3 anos, numa base permanente, para reforçar as cooperativas agrícolas nas zonas montanhosas*. Em novembro de 1969, estas cooperativas foram parcialmente isentas do pagamento de empréstimos e o imposto sobre os seus rendimentos foi cancelado no ano em questão, com um ligeiro aumento dos preços de aquisição da carne e da lã. Simultaneamente, os preços dos produtos manufacturados foram ligeiramente reduzidos e o imposto sobre o rendimento foi abolido para as categorias de trabalhadores que continuaram a pagá-lo após a reforma fiscal de 1967.
Em dezembro de 1969, a Assembleia Popular aprovou a *Lei do Novo Sistema Educativo*. Esta lei introduziu o ensino pré-escolar, o ensino universal obrigatório de 8 anos, seguido do ensino secundário (profissional ou geral) de 4 anos e do ensino superior de 3 a 4 anos, com base na fórmula: educação - trabalho produtivo - treino físico e militar ("livro, picareta, espingarda"), sendo o lugar principal dado à educação ideológica dos estudantes no espírito das atitudes nacionalistas e anti-soviéticas da direção do NRA, bem como ao treino militar.
Em busca de uma saída para as dificuldades económicas, as autoridades albanesas começaram a recorrer cada vez mais ao trabalho "voluntário" não remunerado. A tendência para resolver os problemas de produção através de "acções revolucionárias de massas por meio de greves concentradas", em que dezenas de milhares de pessoas se dedicavam a trabalhos manuais pesados,

tornou-se cada vez mais acentuada. O início de tais "acções" foi dado em 14 de dezembro de 1969, quando a população do distrito de Dibra construiu num dia uma vala de 17 quilómetros de comprimento com enxadas e pás. Este método foi rapidamente aplicado na indústria (Anuário da BSE 1970, 202).

Na sequência da renúncia às reivindicações territoriais relativas ao Épiro do Norte por parte da junta ateniense dos "Coronéis Negros", foram concluídos acordos para o restabelecimento de relações comerciais (janeiro de 1970) e diplomáticas (maio de 1971) entre a Albânia e a Grécia. Em fevereiro de 1971, foi anunciado um acordo para elevar o nível das relações entre a Albânia e a Jugoslávia através da acreditação mútua de embaixadores. Em maio de 1971, a ARN e a RSFJ assinaram um acordo sobre a troca de mercadorias para o período 1971-1975. No mesmo ano, foram concluídos acordos semelhantes com a Bulgária e a Roménia (Omari e Pollo 1988, 329; Arsh et al. 1992, 438, 445).

Nos trabalhos do *6º Congresso da APT* (novembro de 1971), que pela primeira vez não contou com a presença de uma delegação do PCC, as questões da formação militar e da educação da população albanesa foram quase centrais.

Baseado na ideia leninista de que cada cidadão deve ser um soldado e cada soldado um cidadão, o Congresso sublinhou que o Exército Popular Albanês é "o exército do povo, da revolução, da ditadura do proletariado, um exército que representa o povo armado, ao contrário dos exércitos dos países burgueses e revisionistas, que são exércitos de caserna, uma casta fechada, desligada do povo e acima do povo, e na sua essência antipovo".

O congresso declarou que "o jovem imperialismo revisionista soviético é um inimigo tão perigoso, insidioso e agressivo para os povos e a revolução como o imperialismo norte-americano".

Foi sublinhado que "é impossível apoiar-se num imperialismo para se opor a outro".

O Congresso aprovou as diretivas para o 5º Plano Quinquenal para o Desenvolvimento da Economia Nacional e da Cultura da Albânia (1971-1975), que previa um maior desenvolvimento das forças produtivas e das relações de produção, uma revolução ideológica, cultural e científica e tecnológica (PLA 1982, 465-485; Arsh et al. 1992, 440).

Os laços culturais entre a Albânia e o Kosovo desenvolveram-se rapidamente desde o início da década de 1970. Em outubro de 1970, foi assinado em Tirana o primeiro protocolo de cooperação no domínio da educação e da ciência entre as Universidades de Tirana e de Pristina, com a duração de um ano. Em 1972, foram concluídos acordos entre várias organizações da Albânia e do Kosovo relativos à cooperação entre universidades, editoras, etc. Em agosto de 1973, o Presidente do *Veche* Executivo do Kosovo, *Ilija Vakic*, efectuou uma visita não oficial à Albânia e, em setembro, a NRA participou numa feira internacional em Zagreb (BSE Yearbook 1973, 200; 1974, 206; Omari e Pollo 1988, 294).

Em março de 1972, foi assinado um acordo com a RPC sobre a cooperação no domínio dos transportes aéreos civis. Após a normalização das relações entre os EUA e a China em 1972, o conflito entre Tirana e Pequim começou a agravar-se gradualmente. O plenário do Comité Central da APT, realizado em **junho de 1972,** debateu o desenvolvimento da agricultura e **decidiu** igualmente **criar a Academia Albanesa de Ciências.** No mesmo mês, *Žarko Bulajić,* presidente da Veča Executiva do Montenegro, efectuou uma visita não oficial à Albânia.

O plenário de junho (1973) do Comité Central da APT, apelando a uma luta frontal contra "a perigosa influência da ideologia burguesa, revisionista e liberal", deu início a uma purga a vários níveis do partido e do aparelho de Estado e nas organizações públicas de massas. *Fadil Pachrami* e *Todi Lubo'iya,* membros do Comité Central da APT, foram expulsos do partido e destituídos de todos os cargos, sendo o primeiro o presidente da Assembleia Popular, o secretário do Conselho Geral da DFA e do Comité da Cidade de Tirana da APT, e o segundo o presidente do Comité de Radiodifusão e Televisão. Em novembro de 1973, foi assinado um acordo de cooperação científica entre as Academias de Ciências da NRA e da RPC (BSE Yearbook 1973, 200-201; 1974, 206; PLA 1982, 496-502).

Em julho de 1974, o Ministro da Defesa Nacional, *Bekir Baluku,* executado no ano seguinte sob a acusação de conspiração pró-chinesa e de ligações aos círculos militares da URSS e de outros países da OIA, perdeu o seu cargo. O seu lugar foi assumido por Mehmet Shehu em outubro. Os outros arguidos no processo, o Chefe do Estado-Maior da ANA, *Petrit Dume,* e o chefe do seu Departamento Político, *Hito Chako,* também perderam os seus cargos. Em dezembro de 1974, o plenário do Comité Central do APT aboliu o Departamento Político da ANA e as suas funções foram assumidas pela direção do partido (PLA 1982, 503-508). Como consequência do declínio da ajuda chinesa, os fenómenos de crise tornaram-se visíveis na vida económica. Por esta razão, o Presidente do Planeamento do Estado, *Abdül'Kelesi,* o Ministro da Indústria e das Minas, *Kono Teodosi,* e o Ministro do Comércio, *Kicho Ng'ela,* foram demitidos em outubro de 1975. Em fevereiro de 1976, a Albânia estabeleceu unilateralmente uma zona de 15 milhas de águas territoriais ao longo da sua costa (BSE Yearbook 1977, 202). Em abril de 1976, o Ministro da Agricultura, *Piro Dodbiba,* e o Ministro da Educação e Cultura, *Toma Deliaia,* demitiram-se (PLA 1982, 510-516).

O VII Congresso da APT (novembro de 1976) ouviu o relatório do Comité Central e aprovou as diretivas para o VI Plano Quinquenal de

Desenvolvimento da Economia e da Cultura Nacionais (1976-1980). A sua atividade caracterizou-se pela intensificação dos ataques à URSS e aos outros países da comunidade socialista, ao PCUS e a vários outros partidos comunistas e operários (Anuário da BSE 1977, 202; PLA 1982, 538-557).
Em 28 de dezembro de 1976, a Assembleia Popular adoptou a Constituição da República Socialista Popular da Albânia (RSA). A Constituição definia a Albânia como um Estado de ditadura do proletariado em que a unidade do povo em torno do APT "se baseia na aliança da classe operária com o campesinato cooperativo sob a direção da classe operária".

_{O artigo 3.º afirmava que a APT era a vanguarda da classe operária, "a única força política dirigente no Estado e na sociedade", onde prevalecia a ideologia do marxismo-leninismo. O artigo 14º afirmava que "na construção do socialismo, a APT segue o princípio de se apoiar principalmente nas suas próprias forças". O artigo 15º afirmava que}

Nas suas relações externas, o NSRA "parte dos princípios do marxismo-leninismo e do internacionalismo proletário, segue a política de amizade, cooperação e assistência mútua com os países socialistas, apoia o movimento revolucionário da classe operária e a luta dos povos pela liberdade, a independência, o progresso social e o socialismo e conta com a sua solidariedade". O artigo 16º proibia a propriedade privada e a exploração do homem pelo homem. Nos termos do artigo 17º, a propriedade do Estado e das cooperativas de camponeses era considerada socialista e as cooperativas e mesmo a propriedade pessoal dos cidadãos podiam ser convertidas em propriedade do Estado "se os interesses da sociedade o exigirem".

A Constituição do NSRA de 1976 proibiu, sem precedentes, os empréstimos e créditos estrangeiros, bem como o investimento estrangeiro na economia albanesa (artigo 28º). Além disso, pela primeira vez no mundo, **foram completamente abolidos todos os impostos e taxas sobre os rendimentos do trabalho** (artigo 31º).[24] O sistema de governo manteve-se praticamente inalterado. A Assembleia Popular, eleita por quatro anos, passou a ser composta por 250 deputados. A nova Constituição criou o *Conselho de Defesa do NSRA*, presidido por Enver Hoxha (ibid. 533-537; Bania, Tochi 1979, 37, 258-259; Arsh et al. 1992, 446-447).

O plenário de junho de 1977 do Comité Central da APT, dedicado às questões económicas, apelou à máxima autossuficiência. Em 7 de julho de 1977, o Zeri i popullit, o órgão do Comité Central da APT, publicou um editorial, Teoria e Prática da Revolução, que criticava duramente a teoria maoísta dos "três mundos" pela sua "abordagem não-classista e oportunista da avaliação do mundo moderno, ignorando as contradições básicas da nossa época" (ver: Anuário da BSE de 1978, 196). Mais tarde, as suas críticas assumiram o carácter de uma campanha política e de propaganda, durante a qual os principais princípios da política externa da RPC foram efetivamente denunciados na Albânia.

_{Em 29 de novembro de 1977, Mehmet Shehu declarou publicamente que "a teoria dos 'três mundos' representa}

---

[24] Após a queda do regime comunista, foram restauradas. *D.S.*

um grande perigo para o movimento comunista e operário internacional, porque é uma teoria de extinção da revolução, uma teoria de rendição incondicional à burguesia e de aliança com o imperialismo norte-americano, uma teoria de asfixia da luta de libertação dos povos" (ibid.).

A polémica com as opiniões dominantes na China foi acompanhada por um enfraquecimento dos laços políticos e económicos entre os dois países. O comércio mútuo diminuiu significativamente e o número de especialistas chineses que trabalhavam na Albânia começou a diminuir. A RPC limitou severamente a sua assistência financeira e económica, de tal modo que a Albânia perdeu mais de 700 milhões de lek, ou seja, 10% das receitas previstas no orçamento de Estado (ibid.). A cessação das entregas de maquinaria, de equipamento e de alguns materiais de construção provenientes da China teve como consequência a não realização do plano de construção e de instalação de quase 90 projectos. O CNRA e a RPC não assinaram um protocolo de comércio mútuo em 1978, mas apenas um protocolo de cooperação científica e técnica. Quando a Albânia apoiou o Vietname no seu conflito com a China, esta última suspendeu a ajuda económica e militar em julho de 1978 e retirou definitivamente todos os seus especialistas. **A Albânia viu-se quase completamente isolada** (ver: Biberaj 1986; Chronos 2002).

§4 O caminho para a autossuficiência e a queda do regime
(1978-1992)

Em 1979, a Albânia condenou firmemente a agressão chinesa contra o Vietname, bem como a política criminosa da camarilha Pol Pot - Ieng Sary em relação ao povo do Kampuchea (Camboja). Ao longo de todo o ano, os dirigentes e os meios de comunicação social albaneses denunciaram "o percurso aventureiro e militarista dos dirigentes chineses destinado a bloquear as forças agressivas do imperialismo e da reação mundial". As visitas de Deng Xiaoping aos EUA e ao Japão e as visitas de Hua Guofeng a vários países da Europa Ocidental foram objeto de duras críticas. Como afirmaram os dirigentes albaneses, "a China, com a sua política dura e vulgar, procura ganhar tempo para reforçar a sua posição económica e militar e tenta provocar a Terceira Guerra Mundial". Não existiam relações entre o NSRA e a RPC, para além das diplomáticas (BSE Yearbook 1980, 191).

As relações entre a Albânia e a Jugoslávia, apesar dos persistentes desacordos sobre questões ideológicas, continuaram a desenvolver-se com bastante êxito. Em abril de 1979, foi assinado um acordo sobre a ligação dos caminhos-de-ferro NSRA e SFRY e, em junho, sobre a cooperação entre a Academia de Ciências Albanesa e a Academia de Ciências e Artes do Kosovo (ibid.).

Em 25 de abril de 1980, *Pali Miska*, membro do Politburo do Comité Central

do APT e Vice-Presidente do Conselho de Ministros do NSRA, declarou numa entrevista ao jornal Bashkimi que "a principal caraterística do projeto do sétimo plano quinquenal é que será desenvolvido com base no princípio da autossuficiência, nos recursos internos e na utilização cada vez mais completa da base material e técnica existente, sem quaisquer empréstimos ou assistência estrangeiros" (citado em Chronos 2002).
No dia seguinte, o Presidium da Assembleia Nacional aprovou mudanças no governo. O Presidente do Conselho de Ministros, Mehmet Shehu, foi demitido do seu cargo de Ministro da Defesa Nacional, que ocupava a tempo parcial. *Kadri Hazbiu* foi nomeado para este cargo e *Fechor Shehu*, sobrinho do Primeiro-Ministro, tornou-se Ministro do Interior. Foram nomeados novos ministros - Indústria e Minas, Indústria Ligeira e Indústria Alimentar.
O plenário de junho (1980) do Comité Central da APT propôs a tarefa de "elevar o nível do trabalho de investigação e a sua eficácia para o desenvolvimento atual e futuro do país" (ibid.). No mesmo mês, uma sessão da Assembleia Popular adoptou o Código do Trabalho e aprovou o decreto relativo à criação do Ministério da Indústria Local.
Em julho de 1980, a Albânia assinou protocolos de cooperação cultural, científica e técnica com a França e o Vietname. A visita a Belgrado de uma delegação governamental do NSRA, chefiada pelo Ministro do Comércio Externo, resultou na assinatura entre a Jugoslávia e a Albânia de um acordo comercial para 1981-1985 e de um protocolo relativo ao intercâmbio comercial para 1981, que previa um aumento para 135 milhões de dólares (ibid.).
A Albânia estabeleceu relações diplomáticas com o Japão em março de 1981 e com a Malásia em junho. As relações com a Jugoslávia deterioraram-se acentuadamente. Desde abril, os meios de comunicação social da NSRA e da SFRY têm estado envolvidos numa ampla polémica relacionada com os distúrbios de março entre pessoas de nacionalidade albanesa no Kosovo. A Jugoslávia acusou abertamente os dirigentes albaneses de envolvimento nos acontecimentos do Kosovo. Embora rejeitando estas acusações, a parte albanesa apoiou ativamente a exigência dos albaneses do Kosovo de que a província fosse reconhecida como uma república da RSFJ. Todos os contactos entre o Kosovo, bem como outras regiões fronteiriças da Jugoslávia povoadas por albaneses, e a Albânia foram temporariamente suspensos (BSE Yearbook 1982, 199).
O 8º Congresso da APT (novembro de 1981) aprovou as diretivas para o 7º Plano Quinquenal para o Desenvolvimento da Economia e da Cultura do

NSRA (1981-1985). O congresso considerou a política chinesa em relação à Albânia como hostil, observando que "as ideias de Mao Zedong representam uma ideologia hegemónica baseada numa variedade de teorias e pontos de vista contraditórios e pragmáticos". Condenou igualmente as posições da direção dos "partidos eurocomunistas". Os trabalhos do congresso caracterizaram-se por uma hostilidade contínua contra a URSS e outros países da Comunidade Socialista, o PCUS e vários outros partidos comunistas e operários (ibid.; Chronos 2002).

No decurso do congresso, tornaram-se evidentes, entre os dirigentes da APT, abordagens divergentes relativamente a algumas questões importantes de política interna e externa. Na noite de 17 para 18 de dezembro de 1981, após uma reunião do Bureau Político do Comité Central do APT, de acordo com um relatório oficial da Agência Telegráfica Albanesa de 19 de dezembro, Mehmet Shehu, Presidente do Conselho de Ministros do CNRA, "suicidou-se em sua casa num momento de crise nervosa". Na sequência deste trágico acontecimento, o Ministro dos Negócios Estrangeiros, *Nesti Nase,* o Ministro do Interior, *Fechor Shehu,* e o Ministro da Saúde, *Lyambi Zichisti,* foram afastados dos seus cargos. *Adil Charchani* formou o novo governo (O'Donnell 1999, 198-201; Arsh et al. 1992, 450; Smirnova 2003, 348349).

Em setembro de 1982, um grupo armado de apoiantes do pretendente exilado *Leka,* filho do antigo rei Zogu, sob o comando de *Shevdet Mustafa,* desembarcou na Albânia. No entanto, a **tentativa** do grupo **de realizar um golpe monárquico** no país, devido à rápida reação de Sigurimi, acabou por fracassar completamente (ver: NSRA 2018).

Em 14 de outubro de 1982, o ministro da Defesa Nacional, Kadri Hazbiu, foi destituído e substituído por *Prokop Murrah*. Em 22 de novembro de 1982, *Ramiz Alia* é eleito presidente do Presidium da Assembleia Popular do CNRD, em substituição de Hadji Leshi. Em 1983, Kadri Hazbiu foi fuzilado juntamente com Fechor Shehu. Em abril de 1983, uma delegação de peritos económicos chineses visitou a Albânia. Em outubro de 1983, foram restabelecidas as relações comerciais e económicas entre o CNRA e a RPC, interrompidas em julho de 1978, tendo sido assinados em Pequim protocolos relativos à troca de bens e pagamentos e ao transporte de mercadorias entre os dois países. As fricções entre o NSRA e a SFRY diminuíram ligeiramente. Em novembro de 1983, o embaixador jugoslavo, anteriormente chamado de volta, regressou a Tirana e, em dezembro, a Albânia retomou o fornecimento de eletricidade à vizinha Jugoslávia (BSE Yearbook 1984, 194; Chronos 2002).

Em setembro de 1984, realizou-se um plenário do Comité Central da ANT para discutir o cumprimento das tarefas destinadas a melhorar a eficiência da economia e a reforçar as finanças. No mesmo mês, foram estabelecidas relações diplomáticas com a Austrália (BSE Yearbook 1985, 188).

Em 11 de abril de 1985, Enver Hoxha morreu e, em 13 de abril, o plenário do Comité Central elegeu Ramiz Aliyu como Primeiro Secretário do Comité Central do APT, mantendo as funções de chefe de Estado. Em junho, realizou-se uma sessão da Assembleia Popular para analisar a situação do comércio e da construção nas zonas rurais. O plenário de julho de 1985 do Comité Central da APT considerou a importância de cumprir os objectivos de todos os indicadores, respeitando rigorosamente o regime de austeridade.

Entretanto, em janeiro de 1985, foram abertas ligações rodoviárias regulares com a Grécia e, em novembro, foi criada uma comissão bilateral sobre a utilização dos rios fronteiriços, tendo sido concluído um acordo de cooperação científica entre a Academia de Ciências da Albânia e a Academia de Atenas. Em 1985, a Albânia assinou acordos comerciais e de pagamento para 1986-1990 com Cuba (setembro), com a RPDC (novembro) e com a Bulgária, a Roménia e a Hungria (dezembro). Além disso, foi concluído um acordo comercial para o mesmo período de cinco anos com a República Federativa da Jugoslávia em novembro e com a República Popular da China em dezembro de 1985 (BSE Yearbook 1986, 191-192; Hoxha 2019).

Os plenários de dezembro (1985) e de março (1986) do Comité Central da APT discutiram a estagnação da economia nacional, cujas principais causas eram designadas por subestimação dos incentivos económicos para promover a produtividade do trabalho, a preservação da igualdade salarial para todas as categorias de trabalhadores. A estagnação da ciência económica levou a um planeamento irracional da economia nacional. Ao mesmo tempo, a orientação para a preservação dos métodos extra-económicos continuava a ser oficialmente declarada, o que incluía a exigência de reforçar a disciplina e a ordem laborais em todas as partes do aparelho económico e de reforçar várias formas de controlo das suas actividades. Em 1 de março de 1986, *Nejmiye Khoja*, a viúva do falecido dirigente, foi eleita presidente do Conselho Geral da DFA. Tornou-se a líder tácita do chamado "partido da viúva", que incluía elementos conservadores que tentavam travar as transformações iniciadas no NSRA sob a influência da perestroika de Gorbachev na URSS (BSE Yearbook 1986, 191; Smirnova 2003, 347-351, 360).

Em 1986, a Albânia assinou acordos comerciais e de pagamento para 1986-

1990 com a Polónia, a Checoslováquia (fevereiro), com a RDA (junho) e com a Bulgária um acordo comercial adicional para o mesmo período (novembro). Em fevereiro de 1986, foi igualmente assinado um acordo de trocas comerciais e de pagamentos com o Vietname para 1987-1990 e, em março e abril, acordos comerciais para 1986-1990 com a Áustria e a Finlândia, respetivamente. Uma delegação do governo albanês participou na cerimónia de abertura da secção jugoslava da linha férrea Shkodra-Titograd em agosto, tendo o tráfego começado em 1 de setembro de 1986. Em setembro de 1986, a Albânia estabeleceu relações diplomáticas com a Espanha. Em novembro, foi concluído um acordo de cooperação científica e técnica entre as Academias de Ciências da Albânia e da Áustria. Em dezembro, o Presidente da Veche Executiva de Titograd (atualmente Podgorica) visitou Shkodra (Yearbook 1987, 187).

O 9º Congresso da APT (novembro de 1986) ouviu e discutiu o relatório do Comité Central, aprovou as diretivas do 8º Plano Quinquenal para o desenvolvimento da economia e da cultura do CNRP (1986-1990) e elegeu os órgãos dirigentes do partido. No domínio da política interna, o Congresso reafirmou a adesão do APT à via da "autossuficiência" na construção do socialismo e na transformação do país num Estado industrial-agrário. Ao mesmo tempo, foi apontada a necessidade de uma gestão mais qualificada da economia nacional, de um maior aumento da iniciativa dos trabalhadores, do reforço da disciplina e da ordem, de uma melhor utilização do princípio dos incentivos materiais ao trabalho. No domínio da política externa, o Congresso pronunciou-se a favor da coexistência pacífica de Estados com sistemas sociais diferentes, da cessação da corrida aos armamentos, bem como da proibição dos ensaios e da produção de armas nucleares e contra a militarização do espaço. Ao mesmo tempo, o Congresso declarou que a URSS e os EUA eram "igualmente responsáveis" pela corrida aos armamentos e pelo agravamento da situação internacional, e questionou as conferências e reuniões no âmbito do processo de Helsínquia. O Congresso defendeu o desenvolvimento de relações interestatais normais com os países socialistas e saudou o crescimento do intercâmbio comercial mutuamente benéfico com eles. Ao mesmo tempo, não alterou a posição negativa do NSRA sobre a resolução das relações com a URSS (ibid.).

Em fevereiro de 1987, a sessão da Assembleia Popular adoptou o 8º Plano Quinquenal para o Desenvolvimento da Economia e da Cultura da CNRA (1986-1990). Na esfera da produção, foram introduzidos incentivos materiais para o trabalho sob a forma de bónus para o cumprimento e o cumprimento excessivo dos planos. Foram aumentados os preços de compra da carne, do couro, da lã, do algodão e do tabaco. Sob a influência da política da perestroika e da glasnost na URSS, a propaganda oficial do NSRA apelava ao desenvolvimento de um "novo pensamento progressista e de novas ideias revolucionárias", por oposição às "manifestações burocráticas" e ao "pensamento inerte". O aparelho de Estado e, em certa medida, o partido começaram a rejuvenescer os seus quadros.

Em 1987, realizaram-se três reuniões plenárias do Comité Central da APT. O plenário de fevereiro discutiu questões relacionadas com os preparativos para a 1ª sessão da 11ª Assembleia Popular. O plenário de abril analisou criticamente as deficiências no fornecimento de géneros alimentícios à população e considerou a questão da sua melhoria. O plenário de julho discutiu o relatório do Politburo "Sobre o cumprimento do plano para o desenvolvimento da economia nacional na primeira metade do ano e alguns problemas e tarefas do cumprimento do plano de 1987".

Em abril de 1987, a Albânia e a Turquia assinaram um acordo sobre a navegação e os transportes marítimos. Em maio de 1987, realizou-se em Tirana uma sessão do Comité de Coordenação Permanente para a Previsão da Atividade Sísmica nos Balcãs, na qual participaram representantes da Albânia, da Bulgária, da Hungria, da Roménia, da Jugoslávia, da Turquia e de várias organizações internacionais. Em agosto de 1987, o Governo grego de *Andreas Papandreou* declarou o fim do estado de guerra entre a Albânia e a Grécia, que existia desde outubro de 1940. Em outubro de 1987, foram estabelecidas relações diplomáticas com a RFA e foi acreditado um embaixador do MNR em Tirana. Em novembro de 1987, a Albânia e a Grécia assinaram acordos de cooperação económica, industrial, comercial, técnica e científica, bem como de cooperação no domínio da saúde. Em dezembro de 1987, as relações diplomáticas entre o CNRA e a RDA foram elevadas ao nível de embaixador. No mesmo mês, a Albânia participou em Sófia numa reunião de peritos dos países dos Balcãs sobre a proteção do ambiente na península (BSE Yearbook 1988, 195).

Em 1988, realizaram-se dois plenários do Comité Central da APT. O plenário de março ouviu e discutiu o relatório do Politburo "Para o progresso global da cultura socialista e o aumento do seu papel em todas as esferas da vida do país". A reunião plenária de setembro debruçou-se sobre o desenvolvimento do comércio externo.

Em 1988, as relações diplomáticas com a Bulgária (janeiro) e a Hungria (novembro) foram elevadas ao nível de embaixador. Foram concluídos

acordos entre o NSRA e a SFRY sobre a cooperação em matéria de educação, ciência e cultura (fevereiro), sobre o comércio transfronteiriço (junho) e sobre a criação de uma comissão mista para a cooperação económica e científico-técnica (dezembro). Além disso, entrou em funcionamento a linha eléctrica Fierza-Prizren que liga os dois países. Foi concluído um acordo de cooperação científica e técnica com Cuba (abril) e um acordo de cooperação económica, técnica e industrial com a Bulgária (dezembro). Foi assinado um acordo de comércio transfronteiriço com a Grécia (abril) e um protocolo de cooperação no domínio da radiodifusão e da televisão para 1989-1990 (dezembro); foram assinados acordos de cooperação económica, comercial, industrial e técnica e de tráfego rodoviário internacional com a Turquia (agosto). Além disso, foram concluídos acordos de cooperação económica, industrial e técnica e de cooperação no domínio da cultura, da ciência e da tecnologia com a França
(fevereiro), um acordo comercial com o Japão (agosto), acordos de cooperação económica, industrial e técnica (junho) e de cooperação cultural (setembro) com a Alemanha. Foi acordado pela primeira vez um programa de intercâmbio cultural, científico e técnico com a Itália (maio).
Em fevereiro de 1988, a Albânia, juntamente com a Bulgária, a Grécia, a Roménia, a Turquia e a Jugoslávia, participou na *reunião dos Ministros dos Negócios Estrangeiros dos Balcãs* em Belgrado (realizou-se uma outra reunião em Tirana em outubro de 1990), em junho na primeira reunião dos seus deputados em Sófia e em novembro na reunião dos Ministros dos Transportes dos Balcãs em Belgrado. A Albânia participou igualmente em reuniões de cientistas e de personalidades culturais dos Estados da região, bem como noutros eventos internacionais (BSE Yearbook 1989, 203204).
No final da década de 80, a Albânia mantinha relações diplomáticas com mais de 100 Estados e participava ativamente numa série de organizações internacionais. *Os acordos de cooperação económica, industrial e técnica com países estrangeiros permitiram melhorar a capacidade de produção e a tecnologia sem recorrer a empréstimos e créditos na sua forma clássica, que* eram *estritamente proibidos pela Constituição de 1976 da ANDSRA.*
Em 1989, realizaram-se dois plenários do Comité Central do APT. O plenário de fevereiro discutiu medidas para um maior desenvolvimento da agricultura, bem como a questão das mudanças de pessoal na direção do partido e no governo. O plenário de setembro analisou a questão "Sobre o reforço do partido e a melhoria do seu trabalho de acordo com as exigências da época". O plenário defendeu o desenvolvimento de princípios democráticos na vida

do partido e do Estado, incluindo o desenvolvimento da concorrência e de alternativas nas eleições dos trabalhadores do partido e do Estado, desde a base até ao topo, e a limitação do mandato dos secretários das organizações primárias da APT. O Ministério da Energia foi extinto e as suas funções transferidas para o Ministério da Indústria e das Minas. Por ocasião do 45º aniversário da libertação do país do fascismo, em novembro de 1989, foi concedida amnistia a vários presos políticos.

Em fevereiro de 1989, realizou-se em Tirana a segunda reunião dos Ministros Adjuntos dos Negócios Estrangeiros dos Estados dos Balcãs. Em março, a Albânia participou numa reunião dos Ministros da Economia e do Comércio Externo dos países dos Balcãs, realizada em Ancara. Com a sua participação em 1989, realizaram-se, entre outras, reuniões de peritos sobre medidas de reforço da confiança e da segurança nos Balcãs (Bucareste, maio), sobre a luta contra o terrorismo e a disseminação de drogas e de armas (Belgrado, junho) e uma reunião de presidentes de câmara das capitais dos países dos Balcãs (Belgrado, outubro). Em setembro de 1989, as relações diplomáticas com a Checoslováquia foram elevadas ao nível de embaixador. Em outubro, realizou-se a primeira reunião da comissão mista para a cooperação económica e técnico-científica entre o NSRA e a SFRY. Em novembro, foi concluído um acordo entre o NSRA e a RPC sobre a criação de uma comissão conjunta de cooperação económica e técnica. No mesmo mês, foi assinado um acordo de cooperação económica, industrial e técnica com a Itália e um acordo de cooperação nos domínios da cultura, da ciência e da educação com a Espanha (BSE Yearbook 1990, 198; Haluska 1990, 7-8; Smirnova 2003, 351-354).

O plenário de janeiro (1990) do Comité Central do APT aprovou uma série de inovações socioeconómicas, incluindo a introdução de métodos económicos de gestão, a transferência de muitas funções dos organismos centrais de planeamento para as autoridades locais, o reforço da independência de todas as entidades económicas e a aplicação mais ampla de incentivos materiais. Ao mesmo tempo, o plenário opôs-se ao princípio do multipartidarismo (BSE Yearbook, 198).

Em breve começaram os protestos em massa, durante os quais uma multidão derrubou um monumento a Estaline em Shkodra. Registaram-se confrontos com a polícia e com Sigurimi. Os trabalhadores do sector têxtil entraram em greve em Berat. Em março-abril de 1990, realizaram-se manifestações contra os conservadores do APT, incluindo Nejmieh Khoja. Em abril de 1990, Ramiz Alia anuncia novas medidas de descentralização que alargam os direitos das empresas num espírito de autossuficiência. O plenário de abril de 1990 do Comité Central da APT manifestou o interesse da Albânia em normalizar as relações com a URSS. Em maio de 1990, a Assembleia Popular liberalizou o código penal, autorizou a propaganda religiosa e flexibilizou a proibição do investimento estrangeiro. Foi criada uma comissão para rever uma série de artigos da Constituição do NSRA. Em 8 de maio de 1990, o Ministério da Justiça foi restabelecido (ibid.; Smirnova 2003, 353357; Chronos 2002; NSRA 2018).

Em maio de 1990, o Secretário-Geral das Nações Unidas, *Javier Perez de Cuellar*, visitou Tirana. Em 10 de maio, na véspera da sua visita, a Assembleia Popular aprovou uma lei que permitia aos cidadãos do ANDSRA saírem livremente do país a partir de 1 de julho de 1990, incluindo para efeitos de residência permanente. Em julho de 1990, após as autoridades terem dispersado uma manifestação anti-governamental em Tirana, os oposicionistas albaneses procuraram refúgio nas embaixadas de Itália, França, Grécia, Turquia, Polónia, Hungria e Checoslováquia. Em consequência, cerca de 5 000 pessoas deixaram a Albânia, a maior parte das quais foram evacuadas para a RFA com a ajuda da ONU. Em 31 de julho de 1990, na sequência de uma revisão do código penal, a passagem ilegal das fronteiras deixou de ser classificada como traição. Na reunião plenária de julho de 1990 do Comité Central do APT, vários anti-reformistas, incluindo *Manush Muftiu* e *Rita Marko*, colaboradores leais de Enver Hoxha, abandonaram os seus cargos no Politburo e no Governo. No entanto, foram substituídos por representantes da mesma nomenclatura partidária do atual Comité Central (Haluska 1990, 813; Smirnova 2003, 358-360).

Em junho e julho de 1990, durante as reuniões entre as delegações do Ministério dos Negócios Estrangeiros da URSS e do NSRA em Sófia e Tirana, foi alcançado um acordo sobre a normalização das relações bilaterais. As negociações subsequentes (Moscovo, agosto de 1990) resultaram num acordo para retomar o comércio direto. Em setembro de 1990, um grupo de peritos soviéticos deslocou-se à Albânia para avaliar as possibilidades de instalar a produção nas empresas construídas com a ajuda soviética no final dos anos 40 e no início dos anos 50. Verificou-se que seria mais barato destruí-las e construir novas empresas. De um modo geral, os planos de cooperação comercial e económica bilateral desenvolvidos em 1990 não foram concretizados devido ao colapso do sistema socialista mundial e à desintegração da URSS. Em fevereiro e abril de 1991, as embaixadas de ambos os Estados retomaram as suas actividades em Tirana e Moscovo, respetivamente. Na sequência de negociações semelhantes realizadas em agosto de 1990 entre representantes dos EUA e do NSRA, foi assinado em Nova Iorque, em março de 1991, um protocolo sobre o restabelecimento das relações diplomáticas entre os EUA e a Albânia (Pettifer e Vickers 2000, 1032; Smirnova 2003, 358, 361).

A reunião plenária de novembro de 1990 do Comité Central da APT anunciou a "separação de poderes entre o partido e o governo", autorizou finalmente a livre entrada e saída do país e proclamou a liberdade de religião, incluindo o culto. Embora Ramiz Alia continuasse a opor-se à introdução de um sistema multipartidário, foi decidido rever a direção do APT e preparar uma nova lei eleitoral. A DFA e outras organizações de massas foram autorizadas a nomear candidatos para as eleições para a Assembleia Popular, independentemente da APT. **Tornou-se claro que uma transição democrática era inevitável na Albânia** (ver: NSRA 2018; DFA 2024).

Em 11 de dezembro de 1990, o Comité Central do APT, em resposta às manifestações de estudantes em Tirana exigindo a democratização e aos motins em Shkodra, *decidiu introduzir um sistema multipartidário no* país. No dia seguinte, *foi criado* o *Partido Democrático da Albânia (DPA),* pró-reforma *e* pró-europeu, *sob a direção de Sali Berisha e Gramoz Pashko.* Na sequência de protestos contra o governo em muitas cidades albanesas, Nedjmije Hoxha demitiu-se da presidência do Conselho Geral do DPA em meados do mês. Adil Charchani tomou o seu lugar.[25] A 19 de dezembro de 1990, o DPA foi oficialmente registado como o primeiro partido da oposição na história do país no pós-guerra e, a 26 de dezembro, os trabalhadores que apoiavam o movimento estudantil uniram-se para formar a *União dos Sindicatos Independentes da Albânia* (SNPA) (Haluska, Rosta 1991, 7-12; Chronos 2002; Smirnova 2003, 361-362).

Em janeiro de 1991, uma greve dos mineiros e dos trabalhadores dos transportes levou à nomeação dos economistas reformistas Fatos *Nano* e Shkeltim *Çani* como vice-primeiros-ministros. Depois de 5.000 gregos terem fugido da Albânia para a Grécia, o primeiro-ministro grego *Konstantinov Mitsotakis* chegou a Tirana para resolver a crise. O Primeiro-Ministro grego exortou os gregos que viviam na Albânia a apoiarem a democratização do país em vez de emigrarem. Em 20 de fevereiro de 1991, em Tirana, 100 000 manifestantes opuseram-se ao APT, derrubando a estátua de Enver Hoxha na Praça Skanderbeg. Em resposta, Ramiz Alia declarou o estado de emergência

---

[25] Em 1991-1992, a DFA foi dissolvida (ver: DFA 2024). A DFA foi dissolvida (ver: DFA 2024).

e, dois dias depois, nomeou um novo governo chefiado por Fatos Nano. Sob as ordens do Ministro da Defesa Nacional, *Kicho Mustaki*, as autoridades armaram e convocaram contra-manifestações dos cadetes da Escola Militar Enver Hoxha. Pelo menos 10 pessoas foram mortas e mais de 50 ficaram feridas durante a agitação que durou quase uma semana. Devido à crescente tensão social, no início de março de 1991, 20.000 pessoas deslocaram-se da Albânia para Itália por via marítima. No entanto, as forças navais italianas receberam rapidamente ordens para impedir o desembarque de novos refugiados albaneses em Brindisi até que o Governo do NSRA colocasse os seus portos sob controlo militar.

Em 31 de março, 7 e 14 de abril de 1991, realizaram-se na Albânia, pela primeira vez desde 1923, três voltas de eleições legislativas livres, das quais resultaram 169 lugares na Assembleia Popular de 250 lugares para a APT, 75 para o DPA, 5 para o partido minoritário grego Omonia e 1 mandato para a União dos Veteranos. A vitória eleitoral do APT deveu-se principalmente ao apoio dos eleitores das zonas rurais e do Sul conservador. Na véspera das eleições, a maioria dos presos políticos foi libertada ao abrigo de uma amnistia. Entretanto, em 2 de abril de 1991, o DPA organizou uma manifestação em Shkodra para protestar contra alegadas irregularidades eleitorais cometidas pelas autoridades. Quatro pessoas foram mortas a tiro e muitas foram feridas pelas forças de segurança durante a dispersão da manifestação.

Em 30 de abril de 1991, a República da Albânia foi proclamada ao abrigo de uma Constituição provisória adoptada pelo Parlamento, que garantia a inviolabilidade da propriedade privada e o direito à greve e à emigração. No mesmo dia, o Parlamento elegeu Ramiz Alia como seu Presidente por uma maioria de dois terços, que renunciou ao cargo de Primeiro Secretário do Comité Central da APT em 4 de maio de 1991, demitindo-se do Comité Central e do Politburo. Em maio de 1991, foram restabelecidas as relações diplomáticas entre a Albânia e a Grã-Bretanha. Em 9 de maio de 1991, Fatos Nano reorganizou parcialmente o Governo, mantendo na sua maior parte a composição do seu primeiro gabinete (fevereiro). O seu programa previa uma série de reformas fundamentais com vista a uma rápida transição para uma economia de mercado, incluindo um vasto processo de privatização. No entanto, o DPA bloqueou as actividades do Governo. Em meados de maio de 1991, expirou o "acordo de cavalheiros" do APT com a oposição, que impunha uma moratória aos protestos que desestabilizassem a situação política interna. O SNPA iniciou uma greve geral exigindo o aumento dos salários e a demissão do Governo, à qual se juntaram, no final do mês, os mineiros e os activistas da oposição na capital. Em junho de 1991, a Albânia estabeleceu relações diplomáticas com as Comunidades Europeias que, no mês seguinte, aprovaram uma ajuda humanitária de 420.000 dólares (Simon Jr. 1997, 19).

Em 5 de junho de 1991, o gabinete de F. Nano foi forçado a demitir-se. O antigo Ministro da Alimentação *Yuli Bufi* (APT) tornou-se Primeiro-Ministro. A 11 de junho, formou um "governo de estabilidade nacional" de coligação. O seu adjunto e simultaneamente Ministro da Economia foi Gramoz Pasco. Metade das pastas ministeriais (12 em 24) foram atribuídas ao APT, 7 ao DPA, 2 aos republicanos, 2 aos sociais-democratas e 1 aos agrários (Haluska e Rosta 1991, 12-30; Pettifer e Vickers 2000, 33-74).

Em 19 de junho de 1991, a Albânia foi admitida como membro da Conferência sobre Segurança e Cooperação na Europa (CSCE; desde 1 de janeiro de 1995. - Organização para a Segurança e Cooperação na Europa, OSCE) (Smirnova 2003, 375).

O 10º congresso (extraordinário) do APT (junho de 1991) passou a designar-se *Partido Socialista da Albânia* (SPA), que renunciou ao marxismo-leninismo. Adoptou um programa de socialismo democrático, declarando-se empenhado na defesa dos direitos humanos e condenando os "excessos" do regime anterior. Fatos Nano foi eleito presidente do SPA. A composição pessoal da direção do partido alterou-se, tendo sido completamente expurgados os seguidores de Enver Hoxha. Estes abandonaram o partido ou foram expulsos do mesmo (ver: APT 2018).

A sociedade albanesa estava a lumpenizar-se rapidamente. As explosões de violência e de pilhagem, que se verificavam sempre que ocorria um caso de força maior na Albânia ou em qualquer parte do país, contribuíram para o aparecimento de uma síndrome destrutiva persistente entre a população. Em agosto de 1991, chegaram a Itália 10 000 refugiados albaneses, a maior parte dos quais foram expulsos para o seu país pelas autoridades italianas. No final de agosto, o antigo Vice-Primeiro Ministro *Manush Muftiu* foi detido sob a acusação de abuso de poder. Em meados de setembro, teve lugar uma manifestação de milhares de pessoas em Tirana, exigindo a prisão dos antigos dirigentes da APT e a plena liberdade dos meios de comunicação social. Em outubro, manifestantes em Fiera exigiram a demissão de R. Alia. Entretanto, a *DFA* foi *reorganizada em União Nacional Albanesa*. Em 15 de outubro de 1991, a Albânia foi admitida no FMI e no BIRD. Em novembro, os ministros republicanos que tinham criticado o trabalho da DFA foram demitidos do

Governo de Y. Bufi. Em 29 de novembro de 1991, numa reunião com o Presidente, os representantes dos cinco partidos políticos que constituíam a coligação governamental acordaram em conceder ao Governo um prazo de três meses para aplicar o seu programa de ação. No entanto, Sali Berisha anunciou numa conferência de imprensa que, tendo em conta a recusa do SPA em autorizar eleições antecipadas para a Assembleia Popular, os ministros membros do DPA tinham recebido ordens para se retirarem do governo. O Vice-Primeiro-Ministro e membro da direção do DPA, Gramoz Pashko, que se encontrava em Londres para a cerimónia de admissão da Albânia no *Banco Europeu para a Reconstrução e o Desenvolvimento* (BERD), do qual se tornou membro em 18 de dezembro de 1991, criticou a decisão de Berisha. Pashko esperava convencer os seus colegas da correção de tal posição, prevendo, caso contrário, uma cisão no DPA. Mais tarde, porém, admitiu que era correto abandonar o Governo, invocando a intransigência dos socialistas. No entanto, Pashko tinha razão quanto à futura cisão do DPA.

Em 7 de dezembro de 1991, um decreto do Conselho de Ministros impôs essencialmente a lei marcial na Albânia. O decreto estabelecia que, uma vez que as forças da ordem não estavam em condições de proteger os armazéns, as lojas, os centros industriais e comerciais, as padarias, as centrais eléctricas, os reservatórios de água e outras instalações, o Governo confiava essas funções ao exército. Este decreto foi o último ato do Governo de Bufi numa série de medidas destinadas a ajudar o país a recuperar da crise. Em 10 de dezembro de 1991, *Wilson Ahmeti*, antigo Ministro da Alimentação, substitui Yuli Boufi, que se demitira. O novo governo era composto por intelectuais apartidários e apenas o Primeiro-Ministro e dois outros ministros eram membros da SPA. A sua única tarefa para o período de inverno era assegurar a ordem básica no país antes das eleições legislativas antecipadas (ibid., 379).

Em janeiro de 1992, os nacionalistas albaneses radicais da Macedónia tentaram criar a chamada *República Autónoma da Ilíria,* mas o referendo foi declarado ilegal pelas autoridades macedónias. Em fevereiro, o parlamento albanês aprovou uma lei eleitoral que proibia os partidos baseados na etnia. Na sequência disso, a comunidade grega foi obrigada a registar o *Partido dos Direitos Humanos*, que funcionava em paralelo com o Omonia e ao qual se juntaram membros da organização minoritária macedónia Prespa.

Nas eleições legislativas de 22 de março de 1992, o DPA, na oposição, obteve a maioria absoluta dos votos, conquistando 92 dos 140 lugares da Assembleia Popular, enquanto o SPA obteve apenas 38 lugares. O Partido

Social Democrata (PSD) obteve 7 lugares, o Partido Republicano 1 e o Partido dos Direitos Humanos 2 lugares (ibid., 380). Em 3 de abril de 1992, o Presidente da República, Ramiz Alia, demitiu-se e Sali Berisha tomou o seu lugar em 9 de abril. Tendo renunciado ao seu cargo de presidente do DPA, Berisha continuou a ser membro da sua direção. Após a sua tomada de posse, confiou a formação do governo ao vice-presidente do Parlamento do DPA, *Alexandre Mexi*. Em 13 de abril de 1992, Mexi apresentou o seu gabinete, constituído principalmente por democratas, bem como por dois membros não partidários (ministros da justiça e da indústria), um republicano (ministro dos transportes e das comunicações) e um social-democrata (secretário-geral do gabinete). O Governo do México desenvolveu um programa global de privatizações. Entretanto, centenas de albaneses atravessaram o mar Adriático de barco e desembarcaram em Itália. *Nesta altura,* a era do socialismo na Albânia tinha terminado (ver: Pearson 2008).

Capítulo IV
Alguns resultados gerais do desenvolvimento sócio-económico da NSRA em 1950-1990.

Em resultado das transformações socialistas do pós-guerra, a população da Albânia em 1990 quase triplicou em relação a 1938, e a proporção de habitantes urbanos mais do que duplicou. Embora a proporção da população rural tenha registado uma forte tendência para a diminuição, a maioria dos albaneses continuava a viver no campo, mesmo nas vésperas do colapso do socialismo (ver Quadro 1).

Quadro 1
População da Albânia em 1938-1990.
(meio do ano)

Ano	População, total		Incluindo (%):	
	mil pessoas.	1938 r. = 100,0	urbano	rural
1938	1 040	100,0	15,4	84,6
1950	1 227	118,0	20,5	79,5
1960	1 623	156,1	29,5	70,5
1970	2 157	207,4	31,8	68,2
1980	2 671	256,8	33,6	66,4
1985	2 957	284,3	34,8	65,2
1990	3 251	312,6	36,1	63,9

Fontes: Vjetari statistikor i Shqiperise. Tirane: Ministria e Ekonomise. Drejtoria e Statistikes, 1991, 35; Bolt e van Zanden 2020; FAO Production Yearbook. Roma; International Year Book and Statesmen's Who's Who. Singapura: Business Press International Ltd., vários volumes.

Nas vésperas da Segunda Guerra Mundial, a Albânia era o país economicamente mais atrasado da Europa, quase sem indústria fabril própria. Não possuía caminhos-de-ferro nem sequer uma marinha mercante, apesar do seu conveniente acesso ao mar. A economia subdesenvolvida da Albânia servia como um apêndice agrário e de matérias-primas da economia italiana. Em 1939-1944, a ocupação italo-alemã causou grandes danos ao país. Após a libertação e o rápido restabelecimento da economia nacional com a ajuda da URSS, da Jugoslávia e de outros países de democracia popular (1944-1946), **a Albânia** enveredou pela via da construção socialista, o que lhe permitiu, num **período histórico relativamente curto, passar de um país agrário atrasado a um país agrário-industrial.**
Como pode a *dinâmica do rendimento nacional da ENDS ser avaliada* no contexto da Europa de Leste?
A avaliação do desempenho económico da NSRA em períodos individuais é geralmente mais difícil do que para a maioria dos outros países socialistas,

com exceção da SFRY ou da PRC, porque as fortes flutuações a curto prazo tornam o resultado dependente do período de tempo escolhido para comparação. No presente estudo, o período 1951-1990 é dividido em subperíodos quinquenais correspondentes aos planos de desenvolvimento a médio prazo da economia nacional da NSRA (ver Quadro 2).

Quadro 2
Taxas médias anuais de variação do rendimento nacional produzido dos países da Europa de Leste e da URSS em 1951-1990.
(em preços comparáveis, %)

País	1951 1955	1956 1960	1961 1965	1966 1970	1971 1975	1976 1980	1981 1985	1986 1990	1951 1990
Albânia	11,2	7,0	5,8	9,1	6,7	2,7	1,6	-0,1	5,4
Bulgária	12,2	9,7	6,7	8,8	7,8	6,1	3,7	0,0	6,9
Hungria	5,7	5,9	4,1	6,8	6,3	2,8	1,3	-0,5	4,1
GDR	13,1	7,1	3,5	5,2	5,4	4,1	4,5	-1,8	5,1
Polónia	8,6	6,6	6,2	6,0	9,8	1,2	-0,8	-0,5	4,6
Roménia	14,1	6,6	9,1	7,7	11,4	7,0	4,4	-0,2	7,5
URSS	11,4	9,2	6,5	7,8	5,7	4,3	3,2	1,3	6,2
Checoslováquia	8,2	7,0	1,9	7,0	5,5	3,7	1,7	1,3	4,5
Jugoslávia	5,2	7,7	6,7	5,7	5,8	5,6	0,6	-1,4	4,4

Fontes: Vjetari statistikor i Shqiperise. Tirane: Ministria e Ekonomise, Drejtoria e Statistikes; Statistical Yearbook of CMEA Member Countries. Moscovo: Secretariado do CMEA; Statisticki godisnjak Jugoslavije. Beograd: Savezni zavod za statistiku; Monthly Bulletin of Statistics. Nova Iorque: Nações Unidas; vários volumes e edições; Economic Survey of Europe 1990-1991. Genebra: Nações Unidas, 1991, 41.

Como se pode ver no Quadro 2, no período considerado, 1951-1990, as taxas de crescimento do rendimento nacional produzido revelam uma tendência geral de abrandamento em todos os países da Europa Oriental. Relativamente a todo o período de 40 anos, pode afirmar-se que a economia albanesa se desenvolveu mais rapidamente do que as economias húngara, alemã de leste, polaca, checa e jugoslava, mas ao mesmo tempo mais lentamente do que as economias romena, búlgara e soviética.

Quadro 3
Taxas médias anuais de variação dos principais indicadores do desenvolvimento da economia nacional da NDSA em 1951-1990, em percentagem

Indicador	1951 1955	1956 1960	1961 1965	1966 1970	1971 1975	1976 1980	1981 1985	1986 1990	1951 1990
¹Produto interno bruto)	6,0	7,4	6,0	6,5	4,9	2,7	1,6	-0,1	4,8
¹Rendimento nacional produzido:) total	11,2	7,0	5,8	9,1	6,7	2,7	1,6	-0,1	5,4
por pessoa empregada na produção material	10,1	5,5	3,5	7,1	3,9	0,1	-1,2	-1,7	3,3
Produção bruta da indústria	22,5	16,9	6,8	12,9	8,7	6,2	2,7	1,1	9,7
Produtividade do trabalho na indústria	9,9	4,8	-0,4	5,5	2,2	-0,2	-0,7	-2,6	2,5
Produção agrícola bruta	3,0	4,6	6,3	6,7	5,9	1,7	3,0	-0,1	3,6

¹Investimentos de capital na economia nacional)	13,6	11,1	7,3	9,5	6,0	3,8	0,9	0,4	7,6
Número de pessoas empregadas na economia nacional	1,3	1,8	2,4	2,1	2,9	2,8	3,0	2,1	2,3
²Taxa de desemprego)	-	-	-	-	-	³5,6)	5,1	7,3	⁴6.1)
Rendimento real per capita			1,2	3,3	2,8	0,8	0,7	1,9	⁵1.8)
⁶Volume de negócios do comércio externo:) total exportação importação	14,0 13,8 14,9	19,2 14,3 32,0	7,0 7,9 6,5	4,7 3,8 5,4	7,4 11,8 3,0	2,9 2,7 3,0	-1,5 -3,3 0,2	5,6 1,6 8,5	8,8 10,2 8,3

1) A preços constantes. -) ²Em % da população ativa total. -) ³1980. -) ⁴1980-1990. -) ⁵1961-1990
⁶-) Nos preços dos respectivos anos.
Fontes: Diretório de Estatísticas 1984; Drejtoria e Statistikes 1974, 1979; Vjetari statistikor i Shqiperise. Tirane: Ministria e Ekonomise. Drejtoria e Statistikes, vários volumes; Mitchell 2003, 581; Bolt e van Zanden 2020; The Conference Board 2020; FMI, Diretion of Trade Statistics Database; Banco Mundial, World Development Indicators Database.

Em média, durante o período de 40 anos 1951-1990, quase ¾ do aumento do rendimento nacional produzido pela ENDS deveu-se ao aumento da produtividade do trabalho público. No entanto, sob a influência de fenómenos de crise crescentes desde o início dos anos 80, o rendimento nacional produzido por pessoa empregada na esfera da produção material começou a cair a um ritmo acelerado.

Desde a libertação até à mudança de regime, os dirigentes albaneses seguiram geralmente o modelo estalinista de desenvolvimento económico. Assim, entre 1951 e 1990, a taxa média de crescimento anual da produção bruta foi 2,7 vezes mais elevada na indústria do que na agricultura. Ao mesmo tempo, os investimentos de capital aumentaram muito dinamicamente em média, mas as suas taxas de crescimento abrandaram acentuadamente na década de 1980. O número de pessoas empregadas na economia nacional registou um crescimento bastante moderado em geral, tal como o rendimento real per capita entre 1961 e 1990. Simultaneamente, a crise da grande indústria socialista conduziu *ao aparecimento de desemprego em massa* na Albânia já em 1980. No que respeita ao comércio externo, as exportações cresceram, em média, mais rapidamente do que as importações, embora se tenham registado excepções em alguns períodos quinquenais (Quadro 3).

Quadro 4
Utilização do rendimento nacional NISA (em preços efetivamente efectivos, %)

Período	Rendimento nacional utilizado para consumo e acumulação		
	Total	*incluindo*:	
		Fundo de Consumo	Fundo de acumulação
1951-1955	100,0	74,6	25,4
1956-1960	100,0	73,0	27,0
1961-1965	100,0	71,2	28,9

1966-1970	100,0	66,1	33,9
1971-1975	100,0	64,2	35,8
1976-1980	100,0	65,5	34,5
1981-1985	100,0	72,6	27,4
1986-1990	100,0	83,5	16,5
1951-1990	100,0	71,3	28,7

Calculado a partir de: Vjetari statistikor i Shqiperise. Tirane: Ministria e Ekonomise. Drejtoria e Statistikes, vários volumes.

O que caracterizou *a utilização do rendimento nacional pela* ARN? Em média, durante o período 1951-1990, mais de um quarto do rendimento nacional foi utilizado para acumulação. Quanto aos períodos quinquenais individuais, a taxa de acumulação aumentou de forma constante até meados da década de 1970, mas, regra geral, não contribuiu para a aceleração do crescimento económico. Posteriormente, diminuiu, caindo para % do rendimento nacional utilizado para consumo e acumulação no final do período socialista (ver Quadros 3 e 4).

Tal como já foi referido, foram aplicados na Albânia, após 1950, oito planos quinquenais para o desenvolvimento da economia e da cultura nacionais.

Depois de romper com a Jugoslávia de Tito em 1948, a Albânia recebeu ajuda económica da URSS e de outros países socialistas da Commonwealth até ao final de 1961, e depois da RPC até meados de 1978. - da República Popular da China. A cessação da cooperação com a China deu início a uma trajetória de máxima autossuficiência possível. Durante este período, o desenvolvimento socioeconómico da NSRA foi dificultado pela rígida centralização da gestão económica, pelo planeamento de indicadores exagerados e, por conseguinte, irrealistas, pela deterioração da base material e técnica da economia nacional, pela impossibilidade de obter recursos financeiros do exterior devido à proibição constitucional de empréstimos e créditos estrangeiros, bem como da criação de empresas comuns, e pela quase total ausência de incentivos materiais para os trabalhadores nas suas actividades de produção. A partir de 1985, o auto-isolamento do país enfraqueceu um pouco, em resultado de uma política de reformas económicas e políticas cautelosas, que trouxeram alguma abertura ao exterior, incluindo aos países capitalistas desenvolvidos. No entanto, a essência do **modelo etatista do socialismo ultra-estalinista albanês** manteve-se inalterada, o que acabou por determinar o seu colapso.

Quadro 5
Estrutura setorial do rendimento nacional produzido NISA
(em preços efetivamente efectivos, %; produção material = 100,0)

| | Indústria | 1938 | 1950 | 1960 | 1970 | 1980 | 1985 | 1990 |

Indústria	3,2	11,0	31,9	38,6	45,0	43,3	41,8
Agricultura e silvicultura	93,1	76,3	36,3	31,4	33,6	34,6	35,9
Construção	0,8	4,6	9,2	9,3	6,9	7,2	6,4
Transportes, comércio, etc.	2,9	8,1	22,6	20,7	14,5	14,9	15,9

Fontes: ver quadro anterior e também Drejtoria e Statistikes 1974, 1979; Diretório de Estatísticas 1984.

Que *mudanças* ocorreram *na estrutura de produção da economia albanesa* durante os anos do socialismo em comparação com o período anterior à guerra?

A parte da agricultura e da silvicultura no rendimento nacional produzido entre 1938 e 1990 diminuiu cerca de %, enquanto a parte da indústria aumentou mais de 13 vezes. Ao mesmo tempo, a quota-parte da construção, dos transportes, do comércio e de outros ramos da produção material também aumentou significativamente (Quadro 5). Já em 1960, o sector socialista gerava cerca de 90 por cento do rendimento nacional. Cobria 99% da produção industrial bruta e 80% da produção agrícola bruta, 100% do comércio por grosso e 90% do comércio a retalho (Bania e Tochi 1979, 103).

Quadro 6
Estrutura setorial do emprego na ENDA (em %; economia nacional = 100,0)

Indústria	1950	1960	1970	1980	1985	1990
Indústria	3,5	8,6	13,5	21,2	21,6	23,6
Agricultura e silvicultura	76,5	71,3	66,1	49,8	49,7	47,0
Construção	3,0	4,3	4,7	8,8	7,8	6,8
Transportes, comércio, etc.	8,3	4,1	2,0	4,3	4,5	4,3
Indústrias não produtivas	8,7	11,7	13,7	15,9	16,4	18,3

Fontes: ver quadro anterior e também OIT 1986, 165.

No período compreendido entre 1950 e 1990, verificaram-se *igualmente alterações significativas na estrutura do emprego da* população albanesa, associadas à política de industrialização acelerada do país (Quadro 6). Assim, no que se refere à distribuição do emprego na economia nacional, a parte da indústria e da construção, bem como dos sectores não produtivos, aumentou significativamente. No entanto, *a agricultura e a silvicultura mantiveram a sua predominância relativa na estrutura do emprego até ao final do período socialista*.

No período de 1951-1990, na Albânia, *a produção industrial*, bem como o rendimento nacional, registaram uma tendência decrescente nas taxas de crescimento. O mesmo pode ser dito relativamente ao número de efectivos da produção industrial. O desenvolvimento da indústria albanesa baseou-se principalmente em fontes extensivas, pelo que o aumento da produtividade do trabalho não desempenhou um papel decisivo. No entanto, os albaneses conseguiram atingir os seus objectivos de transformação local da maior parte dos minerais extraídos no país, bem como a produção de maquinaria e equipamento nacionais. A partir de 1972, a Albânia passou a exportar eletricidade para a Jugoslávia e para a Grécia e, no início da década de 80, tornou-se um exportador líquido de energia e de outros minerais, tornando-se autossuficiente em termos de produção de eletricidade, de petróleo e de produtos químicos (ver Schnytzer 1982; Reti 1991).

Quadro 7
Percentagem de categorias individuais de explorações na produção agrícola bruta da NDSA
(a preços constantes, %)

Categoria	1950	1960	1970	1980	1985	1990
Explorações agrícolas estatais	4,1	12,7	21,9	25,3	28,4	29,2
Cooperativas	1,9	41,6	55,1	55,5	62,5	49,9
Explorações pessoais subsidiárias dos membros da cooperativa	-	-	23,0	19,2	9,1	20,9
Sociedades unipessoais	94,0	45,7	-	-	-	-
Total	100,0	100,0	100,0	100,0	100,0	100,0

Calculado a partir de: Vjetari statistikor i Shqiperise. Tirane: Ministria e Ekonomise. Drejtoria e Statistikes, 1991, 175.

No sector agrícola da economia albanesa, as explorações camponesas individuais tinham desaparecido completamente no início da década de 1970. Durante a coletivização e o subsequente desenvolvimento da agricultura albanesa, a parte das cooperativas de produção e das explorações agrícolas estatais na sua produção bruta aumentou de 6,0% em 1950 para 54,3% em 1960 e 77,0% em 1970, tendo posteriormente aumentado de 80,8% em 1980 para 90,9% em 1985 e diminuído para 79,1% em 1990, o que se deveu à expansão das explorações agrícolas privadas subsidiárias dos membros das cooperativas (Quadro 7). *A produção agrícola* desenvolveu-se a um ritmo acelerado durante o primeiro período de quatro anos. No entanto, desde o início da década de 1970, a taxa de crescimento abrandou (Quadro 3). Na Albânia, contrariamente a outros países da Europa Oriental, não se verificou um declínio acentuado do número de pessoas empregadas no sector agrícola durante a industrialização acelerada.

Quadro 8
Estrutura setorial dos investimentos de capital na economia nacional da NSRA (em % do total; preços constantes)

Período	Indústria	Agricultura	Transportes e comunicações	Construção de habitações	Educação, cultura e saúde	Outros
1951-1955	52,6	16,6	10,8	7,4	4,7	7,9
1956-1960	41,4	30,5	9,3	6,0	4,0	8,8
1961-1965	45,1	28,1	7,9	6,1	2,7	10,1
1966-1970	42,3	29,3	8,9	5,3	3,4	10,8
1971-1975	45,5	27,1	7,0	5,3	3,4	11,7
1976-1980	41,7	26,1	7,0	4,0	2,4	18,8

1981-1985	43,8	31,2	6,1	5,2	2,8	10,9
1986-1990	44,9	31,4	5,5	5,3	3,1	9,8
1951-1990	44,7	27,5	7,8	5,6	3,3	11,1

Fonte: Vjetari statistikor i Shqiperise. Tirane: Ministria e Ekonomise. Drejtoria e Statistikes, 1991, 250-251.

Quais eram as *caraterísticas da construção do capital* na Albânia socialista? Em 1951-1990, em termos médios anuais, % foi canalizado para a indústria, mais de % para a agricultura e menos de Uz dos investimentos de capital na economia nacional da NSRA foi canalizado para outros sectores. Ao mesmo tempo, a parte da agricultura quase duplicou, enquanto a parte da indústria e de outros sectores diminuiu ligeiramente (ver Quadro 8).

Na *política de investimento da* Albânia socialista, na fase inicial da industrialização até meados da década de 1950, não foi dada a devida importância à agricultura. A partir do início da década de 60, sob a influência das práticas da China maoísta, o modelo de desenvolvimento económico da Albânia mudou, passando a incluir o desenvolvimento acelerado da produção agrícola. Esta estratégia levou a que, a **partir de 1976, o NSRA se tornasse autossuficiente na satisfação das necessidades de cereais para a sua população** (PLA 1982, 517; Schnytzer 1982, 126-137).

Em meados dos anos 70, a expansão da economia subterrânea e o crescimento do chamado desemprego na fábrica, que se transformou em verdadeiro desemprego em massa já nos anos 80, levaram a controlos financeiros mais rigorosos. *O sistema económico do NSRA caracterizava-se, portanto, por um elevado grau de centralização e uma gestão inflexível, que deixava pouca margem para a iniciativa dos agentes económicos* (Schnytzer 1982, 53-56).

Quadro 9
Comércio externo da NSRA por grupos de mercadorias

Grupo	1950	1960	1970	1980	1985	1990
Em % das exportações							
Portadores de energia, minerais e metais	62,3	55,9	58,5	62,6	54,1	46,8
Produtos químicos	-	0,3	1,2	1,2	0,7	1,5
Materiais de construção	-	1,7	0,1	1,4	1,0	1,1
Matérias-primas de origem vegetal e animal	32,3	19,3	13,1	9,3	14,4	15,4
Gado vivo	-	-	-	-	0,2	0,5
Outras matérias-primas	-	-	2,1	1,1	0,1	2,0
Alimentação	5,2	19,7	17,4	13,8	18,8	20,1
Bens de consumo não alimentares	0,2	3,1	7,6	10,6	10,7	11,8
Máquinas e equipamentos	-	-	-	-	-	0,8
Em % das importações							
Máquinas e equipamentos	30,8	46,9	40,0	26,5	32,1	30,9
Portadores de energia, minerais e	16,0	12,7	21,6	33,5	25,4	24,5

metais						
Produtos químicos	5,2	6,0	9,4	14,9	14,1	9,3
Materiais de construção	1,0	1,4	1,8	2,6	1,5	1,1
Matérias-primas de origem vegetal e animal	5,8	5,9	9,1	10,9	11,8	10,2
Gado vivo	-	0,2	1,4	-	0,1	0,1
Outras matérias-primas	4,1	17,1	5,6	2,6	0,7	5,4
Alimentação	3,4	2,3	3,4	4,0	8,3	10,1
Bens de consumo não alimentares	33,7	7,5	7,7	5,0	6,0	8,4

Fonte: Vjetari statistikor i Shqiperise. Tiranc: Ministria e Ekonomise. Drejtoria e Statistikes, 1991, 296-299.

Na divisão internacional do trabalho, a NSRA era fornecedora de produtos mineiros, de madeira, de transformação alimentar e de produtos agrícolas como o tabaco, a azeitona e os citrinos. Ao mesmo tempo, era um consumidor principalmente de produtos industriais, sobretudo máquinas e equipamentos. Esta estrutura de mercadorias do comércio externo é típica dos Estados agrário-industriais, que a Albânia manteve até ao final do período de construção socialista (Quadro 9).

Quadro 10
Distribuição geográfica do comércio externo da ENDS

País, grupo	1950	1960	1970	1980	1985	1990
	Em % das exportações					
Países socialistas	*100,0*	*98,5*	*85,9*	*57,7*	*70,0*	*58,4*
Países membros da CMEA	100,0	93,4	56,0	40,8	54,8	46,6
URSS	62,7	49,9	-	-	-	-
Jugoslávia	-	0,8	4,0	16,9	13,1	6,9
China	-	4,3	25,9	-	2,1	4,9
Países capitalistas	-	*1,0*	*13,1*	*37,7*	*29,0*	*37,9*
RFA	-	-	0,5	4,6	3,5	5,3
Itália	-	1,0	7,9	9,6	2,0	9,0
Grécia	-	-	-	11,5	5,6	2,9
Países em desenvolvimento	-	*0,5*	*1,0*	*4,6*	*1,0*	*3,7*
Turquia	-	-	-	2,5	0,3	0,4
Egito	-	-	-	0,4	0,1	1,7
	Em % das importações					
Países socialistas	*100,0*	*95,0*	*86,3*	*58,3*	*65,6*	*51,5*
Países membros da CMEA	100,0	86,0	27,7	42,4	52,4	40,1
URSS	37,3	56,3	-	-	-	-
Jugoslávia	-	0,4	1,7	15,9	11,2	5,2
China	-	8,6	56,9	-	2,0	6,2
Países capitalistas	-	*4,9*	*12,5*	*36,8*	*33,3*	*45,7*
RFA	-	-	2,3	9,7	6,5	8,8
Itália	-	3,6	5,3	6,9	4,6	9,8
Grécia	-	-	-	7,5	7,5	5,5
Países em desenvolvimento	-	*0,1*	*1,2*	*4,9*	*1,1*	*2,8*
Turquia	-	-	-	2,7	0,1	1,4
Egito	-	-	1,2	0,3	-	1,2

Calculado a partir de: Vjetari statistikor i Shqiperise. Tirane: Ministria e Ekonomise. Drejtoria e Statistikes, 1991, 310-311, 322-323. O mesmo se aplica ao quadro seguinte.

Que alterações se registaram na *distribuição geográfica do comércio externo* da NSRA?

Em 1950, o volume total do volume de negócios do comércio externo da Albânia era representado pelos países membros do CMEA, sendo metade desse volume representado pela URSS, cuja percentagem aumentou para 53,1% em 1960. Subsequentemente, a parte dos países socialistas no volume total do volume de negócios do comércio externo da NSRA diminuiu de 96,8% em 1960 para 55,0% em 1990, incluindo a parte dos países membros da CMEA - respetivamente de 89,7% para 43,4%. Ao mesmo tempo, a quota dos países capitalistas desenvolvidos aumentou de 3,0 para 41,8%, e a quota dos países em desenvolvimento - de 0,2 para 3,2% (Quadro 10).

Quadro 11
Cobertura das importações pelas exportações no comércio externo da NSDS (a preços dos anos respectivos, %)

Nome	1950	1960	1970	1980	1985	1990
Volume de negócios, total	29,1	59,9	59,5	99,5	83,3	59,9
Estes incluem:						
com os países socialistas	29,1	62,1	59,3	98,5	88,9	67,8
com os países membros da CMEA	29,1	65,1	120,3	95,7	87,2	69,6
países capitalistas	-	12,0	68,7	102,1	72,7	49,8
com os países em desenvolvimento	-	475	24,2	92,7	73,8	78,6

Como se caracteriza a *cobertura das importações pelas exportações* em geral e por grupos de países individuais?

A cobertura das importações pelas exportações no comércio externo da CNRA como um todo aumentou de 29,1 por cento em 1950 para 59,9 por cento em 1990. No comércio com os países socialistas, aumentou de 29,1 para 67,8 por cento, incluindo com os países membros da CMEA, de 29,1 para 69,6 por cento. Durante o período de 1960 a 1990, o intercâmbio comercial com os países capitalistas aumentou de 12,0 para 49,8%, enquanto que com os países em desenvolvimento diminuiu de 475 para 78,6% (ver Quadro 11).

Quadro 12
Rácio da ajuda externa em relação aos investimentos de capital na economia nacional da NSRA em %

Indicador	1951-1955	1956-1960	1961-1965	1966-1970	1971-1975
A/I	0,23	0,17	0,11	0,12	0,15

Fonte: Schnytzer 1982, 101.

Que papel desempenharam *os recursos externos* na economia nacional da Albânia socialista?

A percentagem da ajuda externa no investimento de capital na economia albanesa foi em média de 0,20% em 1951-1960 e de 0,13% em 1961-1975 (ver Quadro 12). Embora a Albânia tenha conseguido assegurar um fluxo quase constante de crédito estrangeiro até meados da década de 70, este apoio externo dificultou a aplicação da política industrial em dois aspectos importantes. Em primeiro lugar, a ajuda do CMEA favoreceu a indústria ligeira em detrimento da indústria pesada devido à sua estrutura de produtos de base, mesmo que tal implicasse benefícios finais para as exportações albanesas. Até 1953, esta ajuda impediu igualmente o desenvolvimento da agricultura. É certo que tal poderá ter sido uma falha da política do APT e não uma limitação imposta pelos dadores. Em segundo lugar, a ajuda chinesa parecia estar estruturada de uma forma que estava totalmente de acordo com a estratégia de Estaline. Contudo, os problemas de transporte entre a RPC e a ARN, bem como a instabilidade da China enquanto doador, poderão ter contribuído para as dificuldades da Albânia em concluir muitos projectos industriais tal como planeado (Schnytzer 1982, 103).

Na década de 50, a Albânia manteve relações económicas externas principalmente com os países membros da CMEA. Contudo, em 1963, o seu comércio com a URSS cessou completamente e a China tomou o seu lugar. De 1976 a 1989, o maior volume de comércio externo da NSRA foi igualmente efectuado com os países da CMEA, mas sem a URSS. Entre os países das Comunidades Europeias, desde os anos 60, os parceiros comerciais mais importantes da Albânia eram a Itália, a França e a Alemanha. Desde o início da década de 70, os laços económicos com a Grécia e a Jugoslávia intensificaram-se (ver: Reti 1991). As principais fontes de moeda convertível eram as receitas da exportação de petróleo, cromite, cobre e eletricidade (Sandstrom e Sjoberg 1991, 931).

Após a libertação da ocupação fascista, *a United Nations Relief and Rehabilitation Administration* (UNRRA) concedeu à Albânia uma ajuda de 23,6 milhões de dólares entre 1945 e 1946, dos quais 20,4 milhões foram concedidos pelos Estados Unidos (Schnytzer 1982, 66). Em 1951-1960. A Albânia recebeu 226,7 milhões de rublos dos países do CMEA sob a forma de empréstimos favoráveis. Deste montante, a URSS forneceu 89, a Checoslováquia 34,4, a Hungria 24, a RDA 22,9, a Roménia 22,5, a Polónia 18,9, e a Bulgária 15 milhões de rublos. No entanto, a União Soviética, como já foi referido, atribuiu à Albânia, no âmbito da CMEA, sobretudo o papel de exportador de produtos agrícolas, o que desagradou aos dirigentes albaneses. Quando, em 1960, o governo albanês solicitou à URSS apoio financeiro para a construção da fábrica metalúrgica de Elbasan, esta recusou e a instalação teve de ser posta em funcionamento mais tarde com a ajuda da RPC (Hukic

1981, 77-83).

A China atenuou os efeitos do embargo soviético com os seus empréstimos à Albânia, fornecendo ajuda económica e militar num total de 5 mil milhões de dólares entre 1954 e 1978. No entanto, em julho de 1978, os empréstimos chineses só tinham sido pagos em 75%. A tecnologia chinesa contribuiu para a industrialização, mas foi ainda menos eficaz do que a tecnologia soviética. Simultaneamente, a ajuda militar chinesa foi mais do dobro da ajuda económica, o que aliviou em grande medida as despesas de defesa da Albânia. Consequentemente, a partir do final da década de 70, os dirigentes albaneses viram-se obrigados a abrandar o ritmo do desenvolvimento industrial e a passar para uma autarquia de baixo nível (Schnytzer 1982, 98-103; Arsh et al. 1992, 444-445).

Capítulo V
Reforma agrária 1945-1946 na Albânia

Após a libertação da ocupação fascista, a resolução das relações fundiárias na agricultura foi de importância primordial para o país agrário atrasado que era então a Albânia, onde essas relações se baseavam na adaptação, com algumas modificações, das formas arcaicas de propriedade e utilização da terra dos turcos feudais aos objectivos da política agrária do capital italiano. Por conseguinte, a **questão da terra tornou-se a principal questão da revolução democrático-popular.**

De acordo com os dados de 1944-1945, as sete maiores famílias proprietárias de terras na Albânia detinham 3,7% de todas as terras agrícolas. Cada uma das suas propriedades tinha uma média de 2.000 hectares de terras cultivadas, florestas e pastagens. 23,2% das terras agrícolas pertenciam a 4.700 famílias ricas, 60,4% a 130.000 famílias de médios e pequenos proprietários e o restante ao Estado. 21 500 famílias de camponeses (cerca de 14%) não possuíam qualquer terra, trabalhando como trabalhadores nas propriedades de *beg* (grandes proprietários feudais) e *aga* (camponeses ricos). Os ricos eram proprietários de propriedades com uma área média de cerca de 20 hectares e os pobres eram proprietários de parcelas de 0,1 a 3 hectares. As terras do Estado ocupavam 50.000 hectares (Omari e Pollo 1988, 37; Smirnova 2003, 261).

Em 29 de agosto de 1945, o Conselho Antifascista de Libertação Nacional adoptou a *Lei da Reforma Agrária*, que previa a divisão das terras do Estado e de todos os bens confiscados aos proprietários privados e às comunidades religiosas (terras aráveis, olivais, pomares, vinhas, edifícios agrícolas, gado de trabalho, equipamento agrícola). Os camponeses receberam gratuitamente as terras confiscadas ou alienadas, e as famílias dos participantes na Guerra de Libertação Nacional de 1941-1944 tinham direito prioritário às terras. A cada família de camponeses eram atribuídos 5 hectares de terra e mais 3 hectares por cada membro da família que tivesse a sua própria família. Se o número de membros da família ultrapassasse 6 pessoas e não houvesse razões para acrescentar os referidos 3 hectares, eram atribuídos 0,5 hectares adicionais a cada membro. Ao mesmo tempo, a lei previa desvios em relação ao tamanho estabelecido para as parcelas, em função da qualidade da terra. Assim, nas melhores terras, o tamanho das parcelas podia ser reduzido em 30 por cento em relação à norma e nas piores - aumentado em 50 por cento.

Os proprietários que praticavam uma agricultura "com recurso a métodos e meios de produção culturais" podiam dispor de um máximo de 40 hectares de terra. As explorações agrícolas que utilizavam métodos culturais mas alfaias agrícolas convencionais, bem como as instituições religiosas, podiam conservar até 20 hectares. Os proprietários que não praticavam a agricultura conservavam 7 hectares, com a condição de serem alienados ao fim de dois anos se não começassem a cultivar as parcelas. Nas zonas onde o fundo fundiário era extremamente limitado, o Comité da Reforma Agrária podia aumentar o montante das terras alienadas se o proprietário tivesse uma fonte de rendimento secundária. As terras obtidas pelos camponeses no âmbito da reforma não podiam ser redistribuídas ou arrendadas. A troca de parcelas só era permitida com o conhecimento do Comité da Reforma Agrária, e os camponeses que recebiam terras eram libertados de todas as dívidas para com os antigos proprietários de terras aráveis (Omari e Pollo 1988, 38; Smirnova 2003, 262-263).

Em abril-maio de 1946, a Assembleia Popular do NRA introduziu alguns aditamentos e alterações à lei da reforma agrária, que proibia a alienação de terras sob qualquer forma, bem como a utilização de mão de obra assalariada em todas as terras cultivadas, quer se tratasse de terras aráveis ou de vinhas, sob a ameaça de confisco. **A propriedade fundiária em grande escala foi completamente abolida.** De acordo com o princípio "a terra pertence a quem a cultiva", as terras aráveis, as vinhas, os olivais e os pomares que pertenciam a proprietários que não as cultivavam foram retirados gratuitamente. Os trabalhadores, artesãos e empregados não podiam ter mais de 0,5 hectares de pomares ou 0,2 hectares de vinhas ou 30 oliveiras, enquanto as instituições religiosas não podiam ter mais de 10 hectares de terra. Foi abolido o direito de cessão de terras agrícolas a terceiros, o que aproximou as condições de expropriação das terras da nacionalização. A reforma agrária foi concluída
17 de novembro de 1946 (Frascheri 1964, 312-313; Omari e Pollo 1988, 6263; Smirnova 2003, 263).

Em consequência, dos 221 500 hectares de todas as terras agrícolas, 172 000 hectares (77,7%) passaram a ser propriedade nacional. Além disso, 474.000 oliveiras e 6.000 cabeças de gado foram retirados das classes de propriedade. Do total de terras alienadas, 155 159 hectares (90,2%) foram distribuídos a 70 221 famílias de camponeses que anteriormente não tinham terras ou tinham parcelas muito pequenas. Cada uma destas famílias recebeu um máximo de 5 hectares. Os camponeses receberam também 238.700 oliveiras e todo o gado de trabalho expropriado (Fraschery 1964, 313).

A reforma agrária aboliu finalmente a propriedade fundiária, os *proprietários como classe foram destruídos.* Quase não restaram camponeses pobres, pois estes receberam terras e tornaram-se proprietários. *As vias de desenvolvimento da burguesia agrária foram fechadas e a classe média tornou-se a figura central da aldeia albanesa* (ibid., 313-314). A Albânia passou de um país de grandes proprietários de terras para um país de 70.000 pequenas explorações camponesas (O'Donnell 1999, 304).

Em resultado da reforma agrária, a quota-parte do Beg e do Aga, juntamente com as instituições religiosas, na área total de terra cultivada diminuiu de 52,4 para 16,4 por cento e a quota-parte do Estado de 18,7 para 5,8 por cento, enquanto a quota-parte dos pequenos produtores aumentou de 28,9 para 43,2 por cento. Ao mesmo tempo, os camponeses sem terra (*chifchi*), que constituíam 53% da população do país antes da guerra, receberam 34,6%. Um pouco mais tarde, o Begi e o Aga, bem como as instituições religiosas, foram completamente expulsos do sector agrário. A **reforma agrária lançou assim as bases para a criação de um sector público na agricultura albanesa** (Marmullaku 1975, 93-94).

Capítulo VI
A coletivização da agricultura albanesa e as suas consequências

A reforma agrária retirou as terras aos grandes proprietários e dividiu-as entre os camponeses.[26] *A coletivização foi a fase seguinte da luta pela transformação socialista no campo.* No entanto, só foi implementada após a consolidação do poder popular e o estabelecimento da sua base alimentar sólida. A base do sector público na agricultura albanesa eram as empresas nacionalizadas, que antes da libertação do país pertenciam a concessionários italianos, muitas vezes sob a forma de explorações mistas de culturas arvenses e pastoris. Assim, surgiram na Albânia *13 empresas agrícolas estatais do* tipo fazenda estatal (Smirnova 2003, 279).

Em março de 1946, foi criado em Tirana *o Comité Geral das Cooperativas* para organizar e dirigir as actividades das cooperativas de produção e de consumo na cidade e no campo. Ao mesmo tempo, entraram em vigor os estatutos gerais das cooperativas artesanais (Omari e Pollo 1988, 60).[27]

As primeiras 7 cooperativas agrícolas foram constituídas em 1946, reunindo 217 famílias e cobrindo 943 ha, o que corresponde a 0,3% da área total cultivada. Inicialmente, as cooperativas eram constituídas por pequenos camponeses que possuíam um mínimo de gado e equipamento de trabalho. Tratava-se, na sua maioria, de famílias de pessoas que tinham morrido durante a luta de libertação nacional e de um pequeno número de pessoas fisicamente aptas.

Uma cooperativa era estabelecida se pelo menos 25-30 famílias com pelo menos 200 hectares de terras agrícolas concordassem em aderir. A distribuição do rendimento baseava-se em 40% da terra e 60% do trabalho. Embora o número de animais detidos por indivíduos não fosse limitado, o gado de tração e as culturas eram generalizados, e as parcelas de herdade podiam ter até 12 hectares. De acordo com a lei de 9 de novembro de 1945, o Banco do Estado podia conceder empréstimos bonificados a 1,5% às cooperativas, que recebiam essencialmente adubos químicos. Além disso, o imposto sobre os seus produtos foi reduzido em 50%.

Em 1947, começaram a ser criadas na Albânia *estações de máquinas e*

---

[26] A dimensão média da parcela de um camponês era de 2,8 hectares. Além disso, mesmo após a reforma agrária, 30% das famílias camponesas tinham parcelas mais pequenas (ver: Arsh et al. 1992, 414).
[27] A lei sobre o estabelecimento de cooperativas, de 20 de abril de 1946, definiu os seguintes tipos principais de cooperativas no país: cooperativas camponesas de produção e consumo, cooperativas urbanas de consumo e artesanato e cooperativas de pescadores (ibid., 415).

tractores (MTS), equipadas com maquinaria agrícola importada da Jugoslávia e, a partir de 1948, da URSS. No entanto, a organização ineficaz do trabalho, a baixa qualificação do pessoal e o pagamento baseado no tempo dos condutores de tractores, que não tinha em conta o volume e a qualidade do trabalho realizado, não estimularam o interesse das cooperativas em utilizar os serviços das MTS (Arsh et al. 1992, 415-416; Smirnova 2003, 279-280).

Uma vez que os proprietários de gado ricos dos distritos de criação de gado continuavam a existir, uma decisão do Bureau Político do Comité Central do CPA, de 21 de abril de 1948, previa a nacionalização dos grandes rebanhos. A decisão foi tomada para todos os proprietários que exploravam o trabalho de outrem ou que dispunham de outras fontes de rendimento. Em 11 de maio de 1948, a Assembleia Popular do NRA anunciou a nacionalização sem indemnização de todos os grandes rebanhos de gado (mais de 400 cabeças) e do seu inventário. Com base nisso, foram criadas cerca de 10 explorações pecuárias estatais, com aproximadamente 100.000 ovinos e caprinos (Omari e Pollo 1988, 64-65; Arsh et al. 1992, 414-415).

O 1° Congresso das Cooperativas Agrícolas da Albânia, realizado em fevereiro de 1949, desenvolveu e aprovou os seus estatutos com base nos princípios organizacionais das explorações agrícolas colectivas soviéticas (Smirnova 2003, 305). O número de cooperativas na ARN aumentou de 7 em 1946 para 58 em 1949. Duas mil famílias constituíam um fundo fundiário total de 11 400 hectares, o que correspondia a 3,5% de todas as terras agrícolas. Em 1950, havia apenas 90 cooperativas na agricultura do NRA contra 145.000 famílias de camponeses. Entre 1951 e 1953, surgiram mais 29 cooperativas. No entanto, todas as cooperativas registaram perdas desde o início (ibid.; PLA 1982, 267; Omari e Pollo 1988, 120, 140). No sistema de aprovisionamento, aprovado pelo Comité Central do APT em janeiro de 1949, a produção do camponês para o Estado era determinada pela superfície e qualidade da sua terra. Apenas uma parte dos excedentes da produção agrícola e da criação de animais era retirada, ficando o restante à disposição do camponês. Através deste novo sistema de aprovisionamento, o Estado fornecia à população uma parte significativa dos produtos agrícolas necessários. O restante era fornecido através do sistema de abastecimento, que regulava a troca de produtos industriais e agrícolas e o fornecimento de bens essenciais aos trabalhadores da cidade. Este sistema baseava-se em três tipos diferentes de mercados. **O mercado garantido pelo Estado** abastecia os trabalhadores urbanos com cartões de racionamento. **O mercado de troca direta** abastecia os camponeses, trocando os excedentes agrícolas por produtos industriais. **O mercado livre,** onde os preços eram muito mais elevados, fornecia aos cidadãos que não recebiam cartões de racionamento bens que não estavam disponíveis nos mercados de subsídios e de trocas (PLA 1982, 254-255; Omari e Pollo 1988, 118-119; Arsh et al. 1992, 402).

No Plenum de abril (1949) do Comité Central da APT, o slogan "Não se apressem, mas também não pisem o chão" foi refinado pela recomendação de que o estabelecimento de novas cooperativas deveria ser adiado até que as associações anteriores se tornassem economicamente mais fortes. A orientação para o desenvolvimento gradual do movimento cooperativo correspondia às condições internas do país. Havia um período de preparação psicológica a que se devia submeter. Ao mesmo tempo, havia uma certa omissão na quase total negligência das formas mais simples de cooperação (transformação, venda, etc.). Este facto demonstra a aparente subestimação, por parte do Partido, da fase preparatória para a criação de um artesanato agrícola (Arsh et al. 1992, 416).

Em 1949, a ARN alterou o sistema de aprovisionamento em vigor desde 1948, em que os camponeses eram convidados a vender ao Estado todos os produtos agrícolas excedentários. O sistema prodrazverstka, que se justificava nos primeiros anos do poder popular, quando era necessário salvar o país da ameaça de fome através de medidas de emergência, tornou-se em 1947-1948 um travão ao desenvolvimento da agricultura, pelo que em 1948 o plano de aquisição de cereais não foi cumprido. Na primavera de 1949, foi introduzido na agricultura do NRA um sistema de tributação por hectare em espécie, consoante a categoria da terra, a fim de estimular a produção, cujo excedente o camponês podia vender no mercado livre ou a cooperativas comerciais. Nas cidades, foram introduzidos cartões para os trabalhadores, os empregados e as suas famílias, através dos quais os géneros alimentícios e os produtos industriais racionados eram vendidos a preços reduzidos pelo Estado (ibid., 416-417).

O plenário de fevereiro (1951) do Comité Central do APT, no âmbito da síntese dos resultados do plano bienal de 1949-1950, analisou as causas da situação insatisfatória da agricultura. Constatou as lacunas da política do Partido em relação aos kulaks, quando, por um lado, os camponeses médios eram frequentemente classificados como kulaks e, por outro lado, devido à conivência de alguns representantes das autoridades locais, as medidas económicas e políticas não eram aplicadas aos verdadeiros kulaks. O Plenum recomendou que "se tomasse mais cuidado em cumprir as decisões do Partido e do Governo no sentido de ajudar o campesinato, de ajudar as cooperativas existentes a reforçarem-se e de trabalhar na criação de novas cooperativas" (Arsh et al. 1992, 417).

O plenário de abril (1951) do Comité Central da APT adoptou uma resolução para acelerar o processo de cooperação das explorações camponesas. No entanto, um mês mais tarde, o plenário extraordinário seguinte reverteu esta decisão, reconhecendo que as cooperativas agrícolas existentes ainda não tinham atingido um grau de desenvolvimento tal que encorajasse os pobres e as pessoas de meia-idade a aderirem voluntariamente ao caminho da coletivização através do seu exemplo (ibid.).

A linha de coletivização progressiva, baseada nos princípios da completa voluntariedade, foi consagrada no 1º Plano Quinquenal de Desenvolvimento da Economia Nacional para 1951-1955. Em março de 1953, o Comité Central do APT decidiu tomar uma série de medidas para eliminar os obstáculos à modernização e ao crescimento da produção na agricultura. A ajuda ao campo aumentou ligeiramente, os projectos de recuperação de terras foram concluídos a tempo, o trabalho do MTS foi melhorado e a formação de pessoal para a indústria foi acelerada. Em novembro de 1953, o Bureau Político do Comité Central do APT formulou instruções para acelerar a coletivização. Em dezembro de 1953, por iniciativa do Comité Central do Partido, o Conselho de Ministros reviu a distribuição dos investimentos de capital do 1º Plano Quinquenal pelos principais sectores da economia nacional, cancelou alguns projectos prematuros na indústria e abrandou o ritmo de outros. Foram envidados novos esforços para melhorar o planeamento agrícola. A assistência prática à aldeia consistiu no aumento do investimento de capital e na expansão da rede MTS. Foram perdoadas as dívidas dos camponeses ao Estado para 19491952, reduzidas as entregas obrigatórias em géneros e baixados os impostos sobre arados, cultivadores e grades (PLA 1982, 271-272, 281-282, 293-294; Omari e Pollo 1988, 135, 140; Smirnova 2003, 305306).

Em abril de 1954, foi decidido prestar assistência aos camponeses monoproprietários que não utilizavam mão de obra contratada nas suas explorações. Esta medida produziu resultados rápidos, nomeadamente no domínio da criação de gado. No entanto, as possibilidades de aumentar a produtividade agrícola à custa das reservas das explorações agrícolas privadas não foram tidas em conta na formulação de uma política a longo prazo na aldeia. Em dezembro de 1955, o plenário regular do Comité Central do APT declarou que tinham sido criadas na Albânia as condições políticas, económicas e sociais necessárias para permitir a transição da coletivização

gradual para a coletivização em massa. Entre dezembro de 1955 e maio de 1956, o número de cooperativas mais do que duplicou, de 318 para 694, com 31,5% de todas as áreas cultivadas (Omari e Pollo 1988, 141; Smirnova 2003, 306-307).
O 3º Congresso da APT (maio-junho de 1956) resumiu os resultados do novo curso e confirmou a conveniência da sua continuação. A base material e técnica criada durante o 1º Plano Quinquenal foi considerada suficiente para o efeito. As diretivas para o 2º Plano Quinquenal consideravam a coletivização da agricultura como uma das tarefas mais importantes no desenvolvimento de toda a economia nacional, como a única forma de eliminar o atraso e como a principal tarefa económica e organizacional a nível dos ramos. O Congresso decidiu levar a cabo a coletivização em todas as regiões planas e numa grande parte das regiões montanhosas do país, cobrindo assim mais de 70 por cento das áreas cultivadas. Ao mesmo tempo, pretendia-se criar tipos intermédios de cooperativas de produção agrícola (Arsh et al. 1992, 418-419).
O 3º Congresso das Cooperativas Agrícolas da Albânia (Korca, setembro de 1956) debateu a situação organizacional e económica das cooperativas e as medidas para as reforçar, tendo aprovado um novo texto dos seus estatutos (BSE Yearbook 1957, 233).
Em 1 de janeiro de 1957, existiam já 881 cooperativas de produção agrícola e 21 explorações agrícolas estatais (ibid.). A partir de 1957, o sector socialista começou a produzir mais de metade da produção agrícola. A partir dessa data, os êxitos e os fracassos da agricultura albanesa dependeram da organização da produção nos seus sectores cooperativo e estatal. Graças à assistência do CMEA, o país aumentou o nível de saturação da maquinaria agrícola. As ceifeiras-debulhadoras e as autocombinas apareceram pela primeira vez nos seus campos (Smirnova 2003, 307-308).
No final do 2.º Plano Quinquenal, existiam 1.484 cooperativas na agricultura do NRA, abrangendo 71,3 por cento de todas as famílias camponesas e ocupando 87,5 por cento da área cultivada (Omari e Pollo 1988, 174). Isto permitiu que o 4.º Congresso do APT (fevereiro de 1961) declarasse **que a coletivização da agricultura tinha sido um êxito geral.** Tinham sido criadas as condições necessárias para que a agricultura saísse rapidamente de séculos de atraso e atingisse um nível avançado, e tinham sido alcançados resultados positivos na produção de cereais e de culturas industriais. Apesar de o processo de criação de cooperativas ter sido desigual e de haver incerteza quanto à política do partido, a **aldeia albanesa deu um passo em frente em**

comparação com o período anterior à guerra (Smirnova 2003, 307). No decurso da consolidação, o número total de cooperativas de produção na agricultura diminuiu de 1484 em 1960 para 560 em 1965, das quais 368 eram cooperativas consolidadas que incluíam 2-3 e mesmo 7-8 explorações colectivas relativamente pequenas (Omari e Pollo 1988, 219).

O plenário de junho (1963) do Comité Central do APT definiu as principais formas de melhorar o bem-estar material e o nível cultural da aldeia, desenvolver ainda mais as forças produtivas e as infra-estruturas da agricultura, melhorar as relações de distribuição e redistribuição no campo e gerir estes processos (ibid. 220221; PLA 1982, 364-365). *A partir de 1964, o pagamento em géneros aos cooperadores foi substituído por uma remuneração em dinheiro* e a tributação das cooperativas foi colocada numa base mais equitativa (Omari e Pollo 1988, 219-220).

Em meados da década de 1960, alegadamente por impulso, o campesinato albanês começou a defender a redução das suas parcelas de herdade, a fim de eliminar a tentação de negociar os seus excedentes nos mercados. Posteriormente, foi decretada a proibição da criação de gado e de aves de capoeira. Pouco depois, por insistência dos trabalhadores da empresa agrícola estatal Gheorghe Dimitrov, na região de Tirana, os aldeões e os habitantes das cidades abandonaram em massa as suas parcelas de jardim, para não cultivarem o instinto de propriedade privada. Estas medidas tiveram efeitos negativos na produção agrícola. Assim, se tivermos em conta que as explorações agrícolas subsidiárias, que ocupavam 6,5% da superfície cultivada total, produziam até um quarto dos produtos agrícolas e cerca de metade da carne, do leite e da lã, podemos imaginar os danos que o regime causou ao bem-estar do povo albanês ao reduzir as parcelas de herdade e ao eliminar efetivamente o mercado camponês (Arsh et al. 1992, 436; Papathimiu 2012, 114-115).

O 5º Congresso do APT (novembro de 1966) decidiu completar totalmente a coletivização da agricultura, alargando-a mesmo às zonas montanhosas remotas. **Em março de 1967, o sector socialista da agricultura do NRA cobria 98,5% das terras cultivadas,** incluindo 80,5% de cooperativas de produção e 18% de explorações agrícolas estatais (Omari e Pollo 1988, 249-250). As cooperativas representavam 97,8% de todas as famílias de camponeses (Albania 1969, 388).

Em abril de 1967, o Comité Central da APT e o Conselho de Ministros da NRA adoptaram uma série de medidas para reforçar as explorações agrícolas colectivas, especialmente as cooperativas recentemente criadas nas zonas montanhosas. Foi decidido dar mais apoio estatal às cooperativas agrícolas economicamente mais fracas nas regiões montanhosas do país, concedendo-lhes empréstimos sem juros para o desenvolvimento da produção, abolindo os impostos sobre o rendimento das parcelas de herdade de todas as cooperativas e sobre o rendimento da produção agrícola nas cooperativas montanhosas recém-criadas e aumentando o preço dos fornecimentos obrigatórios de cereais. A partir de dezembro de 1967, muitas das cooperativas agrícolas mais rentáveis e das explorações agrícolas estatais começaram a transferir gado bovino e gado miúdo para explorações agrícolas colectivas em zonas montanhosas remotas (Omari e Pollo 1988, 252). Em outubro de 1970, foi concluída a eletrificação da Albânia rural (BSE Yearbook 1971, 208).

Em 1 de janeiro de 1972, foram criados na ARN vários *novos tipos de cooperativas agrícolas*, apoiadas pelo Estado sob a forma de investimentos de capital a fundo perdido, com um salário mínimo garantido para os seus membros. Nestas novas cooperativas, algumas das formas de organização, gestão e distribuição assemelhavam-se às práticas das explorações agrícolas estatais. Em 1973 existiam 25 cooperativas deste tipo na Albânia e no final de 1975 existiam já 50. Estas cooperativas ocupavam 23% das terras cultivadas, produziam 25% dos cereais, 40% dos girassóis, mais de 50% do arroz e do algodão, etc. O aparecimento de cooperativas avançadas aproximou a propriedade do grupo à da nação e criou condições favoráveis à realização do socialismo no campo (BSE Yearbook 1973, 200; PLA 1982, 515; Omari e Pollo 1988, 321).

Em junho de 1972, a Assembleia Popular aprovou uma *lei sobre as pensões dos membros das cooperativas agrícolas* (de 100 a 500 lek por mês). As pensões eram concedidas aos homens a partir dos 65 anos de idade, com pelo menos 25 anos de serviço, e às mulheres a partir dos 55 anos de idade, com pelo menos 20 anos de serviço (BSE Yearbook 1973, 200).

Em 1981-1990, a Albânia levou a cabo um *programa de* 10 anos *de intensificação da produção agrícola* nas terras planas mais férteis. No âmbito deste programa, mais de 100 mil hectares de terras irrigadas nas regiões costeiras, ou seja, cerca de 17% da área cultivada total do país, foram incluídos na zona de agricultura e de criação de gado intensivas. Durante o 7º Plano Quinquenal, mais de 1,4 mil milhões de lek de investimento de capital, ou quase um quarto dos fundos investidos na agricultura, foram canalizados para esta zona. Consequentemente, o rendimento das culturas e a produtividade da pecuária cresceram mais rapidamente do que noutras regiões. O rendimento médio do trigo de 46 centavos por hectare em 1985 nesta zona constituiu um recorde para o país e, a longo prazo, foi capaz de assegurar um mínimo garantido de produção agrícola em anos secos.

No início dos anos 80, na Albânia, foram adoptadas medidas destinadas a reduzir ainda mais as parcelas privadas subsidiárias dos membros das cooperativas agrícolas. Assim, a dimensão máxima das parcelas de herdade foi reduzida para 0,02-0,05 ha. Em 1981-1982, o número de pequenos bovinos e mais de 70% das vacas pertencentes às cooperativas foram completamente generalizados. No 9.º Congresso da APT (novembro de 1986), foi referido, em relação a esta prática, que "devido à sua má compreensão e aplicação em várias regiões do país, houve consequências desfavoráveis para o campesinato" (Arsh et al. 1992, 447-448; Smirnova 2003, 347).

Em novembro de 1988. *O 6º Congresso das cooperativas agrícolas albanesas* adoptou os seus novos estatutos, que previam a concessão de uma maior autonomia em matéria de planeamento da produção (BSE Yearbook 1989, 204).

A partir de 1989, foi introduzido um novo sistema de remuneração do trabalho nas cooperativas e nas explorações agrícolas estatais, no âmbito do qual foram estabelecidos prémios adicionais de até 50% para os dias de trabalho para a produção de toda a produção excedentária. Além disso, os salários dos trabalhadores e dos especialistas eram cobrados em função do resultado final. A partir de 1989, as cooperativas de nove distritos passaram a ser mais independentes e a regulamentação diretiva das suas actividades foi consideravelmente reduzida. Foram autorizadas a vender no mercado os produtos excedentários, com exceção dos cereais e das culturas industriais. Estes princípios de incentivos à produção e à comercialização foram alargados a todas as cooperativas da agricultura albanesa a partir de 1990 (Smirnova 2003, 354-355).

Quais foram *os resultados mais importantes da coletivização da* agricultura albanesa?

Como mostra o Quadro 13, a percentagem de cooperativas e de explorações agrícolas estatais na superfície cultivada da NACA aumentou 13,3 e 7,5 vezes, respetivamente, entre 1950 e 1990. Enquanto em 1950 as explorações camponesas individuais possuíam mais de 90% de todas as terras cultivadas no país, em 1990 as cooperativas possuíam 5/7 e as explorações estatais cerca de 1% dessas terras. Ao mesmo tempo, a quota das explorações agrícolas estatais aumentou continuamente, enquanto a quota das cooperativas diminuiu ligeiramente entre 1980 e 1990.

Quadro 13
Superfície de terra cultivada NISA por categoria de exploração em %

Categoria	1950	1960	1970	1980	1985	1990
Explorações agrícolas estatais	3,2	14,2	20,7	21,4	22,6	24,1
Cooperativas	5,4	72,2	75,8	75,9	74,7	71,6
Explorações pessoais subsidiárias dos membros da cooperativa	-	-	3,5	2,7	2,7	4,3
Sociedades unipessoais	91,4	13,6	-	-	-	-
Total	100,0	100,0	100,0	100,0	100,0	100,0

Fonte: Vjetari statistikor i Shqiperise. Tirane: Ministria e Ekonomise. Drejtoria e Statistikes, 1991, 178-179.

Quadro 14
Taxas de crescimento da produção agrícola bruta da ENDA por sectores principais
(média anual, %)

Indústria	1951-1960	1961-1970	1971-1980	1981-1990	1951-1990
Produção vegetal	3,1	8,8	3,4	0,5	3,9
Pecuária	4,0	1,2	4,6	3,1	3,2
Agricultura, total	3,5	5,8	3,7	1,4	3,6

Calculado a partir de: Vjetari statistikor i Shqiperise. Tirane: Ministria e Ekonomise. Drejtoria e Statistikes, 1991, 174. O mesmo se aplica ao quadro seguinte.

Na Albânia, após 1950, a produção vegetal (agricultura) cresceu, em regra, acima do nível médio da agricultura e à frente da produção animal. Simultaneamente, em termos médios anuais, as taxas de crescimento mais elevadas foram atingidas pela produção animal na década de 1950 e pela produção vegetal na década de 1960 (Quadro 14).

Quadro 15
Produção agrícola bruta da NDSA por sectores principais (a preços constantes, %)

Indústria	1950	1960	1970	1980	1990
Produção vegetal	54,9	52,9	69,8	67,3	61,5
Pecuária	45,1	47,1	30,2	32,7	38,5
TOTAL	100,0	100,0	100,0	100,0	100,0

Entre 1950 e 1990, a percentagem da produção vegetal aumentou de 54,9% para 61,5% na produção agrícola bruta da NSRA, enquanto a percentagem da produção animal diminuiu de 45,1% para 38,5%, respetivamente (ver Quadro 15).

Quadro 16
Área de terra cultivada por trator na NSRA em hectares

Indicador	1950	1960	1970	1980	1990
1. Tractores de 15 cv, peças.	359	4510	10900	18308	22300
2. Superfície de terras aráveis e de terras com culturas permanentes, milhares de hectares	397	474	599	702	704
2:1	1106	105	55	38	32

Fontes: Vjetari statistikor i Shqiperise. Tirane: Ministria e Ekonomise. Drejtoria e Statistikes, 1991, 240-241; FAO Production Yearbook. Roma, vários volumes.

O equipamento técnico da agricultura albanesa antes da Segunda Guerra

Mundial situava-se ao nível mais baixo da Europa. Entre 1950 e 1990, o número de tractores utilizados na indústria aumentou mais de 60 vezes. Ao mesmo tempo, a superfície agrícola aumentou menos de metade. Como resultado, o país assistiu a uma diminuição drástica da área de terra cultivada por trator, de 1106 ha em 1950 para 32 ha em 1990 (Quadro 16).

Quadro 17
Taxa média anual de variação do rendimento nacional produzido pela agricultura e silvicultura NISA
(a preços constantes, %)

Indicador	1951-1960	1961-1970	1971-1980	1981-1990	1951-1990
Rendimento nacional, total	2,1	5,2	3,1	1,4	2,9
Número de empregados	0,9	1,5	0,0	1,9	1,1
Rendimento nacional por pessoa empregada	1,2	3,7	3,1	-0,5	1,8

Calculado a partir de: Vjetari statistikor i Shqiperise. Tirane: Ministria e Ekonomise. Drejtoria e Statistikes, vários volumes; OIT 1986, 165; The Conference Board 2020. O mesmo se aplica ao quadro seguinte.

Em geral, durante o período 1951-1990, o rendimento nacional produzido por pessoa empregada na agricultura e silvicultura na ENDS aumentou mais rapidamente do que a expansão do emprego. Ao mesmo tempo, a produtividade do trabalho neste sector aumentou mais rapidamente na década de 1960, o que esteve associado à taxa mais elevada de crescimento da produção líquida no período de 40 anos. No entanto, na década de 1980, a expansão mais rápida do emprego em comparação com o crescimento da produção levou a uma queda da produtividade do trabalho no sector (Quadro 17).

Quadro 18 **Proporção do aumento da produtividade do trabalho e do aumento do número de pessoas empregadas no aumento do rendimento nacional produzido pela agricultura e silvicultura no NISA**
(em %; Aln Y = 100,0)

Símbolo	1951-1960	1961-1970	1971-1980	1981-1990	1951-1990
Aln(Y/L)	57,6	70,0	100,0	-35,0	63,0
$AlnL$	42,4	30,0	-	135,0	37,0

Como se pode ver no Quadro 18, o sector agrícola da economia da NDSA como um todo, durante o período de 1951-1990, desenvolveu-se ao longo de uma trajetória predominantemente intensiva, embora em algumas décadas tenha havido flutuações significativas. Assim, enquanto nas décadas de 1950-1970 o desenvolvimento setorial foi predominantemente ou mesmo totalmente intensivo, na década de 1980 baseou-se exclusivamente na expansão do emprego.

Consequentemente, a ausência de um mercado livre e de concorrência e o aumento do descontentamento rural provocaram, entre outras razões, o fracasso da agricultura colectivizada na Albânia em 1991.

Capítulo VII
Criação de um sector público na indústria albanesa, industrialização socialista, desenvolvimento de infra-estruturas

Após a libertação da ocupação fascista, a reorganização da gestão industrial tornou-se uma das principais tarefas da reconstrução da economia nacional. No último ano da guerra, o poder popular impôs **o controlo estatal** sobre todas as empresas pertencentes a estrangeiros e aos maiores empresários albaneses. Em 15 de dezembro de 1944, este controlo foi alargado a todas as empresas industriais e sociedades anónimas pertencentes à burguesia albanesa. Esta medida limitou a possibilidade de sabotagem e assegurou a contabilidade dos recursos materiais disponíveis.

O controlo das empresas era exercido por comissários governamentais nomeados pelo Ministério da Economia. Faziam o inventário dos bens, controlavam a produção e a distribuição e assinavam todos os actos de compra e venda. O comissário era apoiado no seu trabalho por um supervisor delegado de entre os trabalhadores pela organização sindical. O supervisor chamava a atenção do comissário para a proteção dos interesses económicos dos trabalhadores e para a correta distribuição dos rendimentos da empresa. Desta forma, os trabalhadores aprendiam os métodos de gestão da produção.

Em janeiro de 1945, foi publicada uma lei sobre o confisco das propriedades estatais alemãs e italianas situadas no território da Albânia. Seguidamente, por decisões especiais do Governo Democrático, os bens das maiores empresas italianas, com base nas quais foram criadas empresas estatais, foram nacionalizados gratuitamente. Assim, a indústria mineira e uma parte significativa das indústrias transformadoras foram transferidas para a propriedade do Estado (ver: Banja, Tochi 1979, 3536; Smirnova 2003, 257-258).

A nacionalização das empresas industriais pertencentes a proprietários albaneses foi efetuada com base na lei de 14 de janeiro de 1945 "Disposições gerais sobre o confisco da propriedade privada". A decisão foi tomada caso a caso, sem qualquer indemnização material. Os proprietários foram automaticamente afastados da direção. Foi nomeada uma nova administração de trabalhadores e especialistas leais às autoridades comunistas.

Durante o ano de 1945, os comunistas albaneses nacionalizaram 111 empresas estrangeiras e sociedades anónimas, pelo que, no final de 1946, o sector estatal produzia já 84,1% da produção industrial. **Em março de 1947, o sector privado da indústria albanesa, com exceção da produção artesanal em pequena escala, tinha sido eliminado** (Banja e Tochi 1979, 39, 86; Omari e Pollo 1988, 54; Smirnova 2003, 260).

Em março de 1947, todas as empresas económicas estatais da Albânia passaram a ser propriedade nacional, funcionando por sua própria iniciativa, mas no âmbito do plano nacional. Em abril de 1947, surgiram duas categorias: *as empresas económicas nacionais,* diretamente subordinadas aos ministérios e departamentos centrais, e *as empresas locais*, criadas por decisão dos comités executivos dos comités populares distritais e dependentes tanto das autoridades locais como do centro (Omari e Pollo 1988, 55).

A política económica do APT tinha como principal objetivo o desenvolvimento simultâneo e harmonioso da indústria e da agricultura, considerando a primeira como o ramo principal da economia e a segunda como a sua espinha dorsal (Bania, Tochi 1979, 49).

Desde 1948, a política do Partido visava a criação de uma indústria pesada e ligeira diversificada no país, *com desenvolvimento prioritário da produção de meios de produção*, o que implicava principalmente a extração de minerais - petróleo, betume, crómio, carvão, cobre, etc. Foram também definidas as tarefas para o desenvolvimento das indústrias ligeiras e alimentares.

Em 2 de junho de 1949, a Assembleia Popular adoptou um plano bienal para a reconstrução e o desenvolvimento da economia nacional da ARN para 1949-1950, definindo assim *o rumo da industrialização socialista*. Este plano deveria ser executado a um ritmo acelerado, a fim de superar o atraso herdado do passado no mais curto espaço de tempo possível, assegurar o desenvolvimento independente da economia nacional e reforçar o potencial de defesa do país. Como já foi referido, o plano previa um aumento da produção das indústrias ligeira, mineira e energética (Omari e Pollo 1988, 112; Arsh et al. 1992, 410).

Em 1951-1955, foi criada na Albânia uma indústria nacional equipada com tecnologia moderna. Em 1955, a produção industrial aumentou mais de 10 vezes em relação a 1938.[28] A indústria de combustíveis e de extração

---

[28] Em 1951-1955, as taxas médias de crescimento anual foram: na indústria petrolífera 7,4%, na indústria metalúrgica 15,4%, na indústria de materiais de construção 19,5%, na indústria alimentar 24,7%, na indústria da madeira 30,2%, na indústria do carvão 36,5%, na indústria eléctrica 38,2% e na indústria ligeira 46,9% (calculado a partir de: BSE Yearbook 1957, 233).

mineira, a produção de materiais de construção e a indústria mecânica (construção de máquinas), que surgiram em 19491950, e outros ramos foram amplamente desenvolvidos. As indústrias de combustíveis e de extração mineira eram consideradas a base da indústria pesada, que correspondia às necessidades e às condições naturais do país. A principal indústria a que se deu prioridade foi a produção de petróleo (Omari e Pollo 1988, 132-138). Entre 1956 e 1960, novos campos petrolíferos foram colocados em produção industrial e novas minas de ferro-níquel, cromo, cobre e carvão foram abertas no país. A realização destes projectos levou ao aparecimento de novas cidades (PLA 1982, 324). Em 1960, em comparação com 1938, a produção industrial aumentou 25 vezes e a produção agrícola apenas 72% (Omari e Pollo 1988, 218).

Na primeira metade da década de 60, a indústria de construção de máquinas na ARN foi reorganizada e a sua concentração aumentou. No final de 1964 existiam na Albânia 170 empresas e oficinas de construção de máquinas, das quais 25 eram grandes empresas de importância nacional. Em 1965, a engenharia mecânica albanesa satisfazia cerca de 54% das necessidades de peças sobresselentes da economia nacional (ibid. 216). Em 1961-1965, o país lançou as bases para a criação de novas indústrias: metalurgia ferrosa, processamento de cobre e indústria química.

A base energética para o desenvolvimento prospetivo da indústria socialista e de toda a economia nacional estava a expandir-se (ibid. 228).

Em 1966-1970, com a conclusão da base material e técnica do socialismo, a Albânia entrou numa *nova fase de industrialização*, destinada a assegurar a predominância da produção de meios de produção na produção bruta da indústria. Durante estes anos, foi dada prioridade ao desenvolvimento das indústrias de transformação pesada e ligeira, com ramos como a construção de máquinas, a energia eléctrica, bem como as indústrias do cobre, do ferro-níquel, do petróleo, do vidro, da cerâmica e dos têxteis. A construção de uma fábrica de fertilizantes azotados em Fiera marcou o início da indústria química na Albânia. O país foi pioneiro na produção de metal laminado, de fertilizantes à base de nitratos e fosfatos e de carbonato de sódio, bem como de latão, lâmpadas eléctricas, vários tipos de papel e outros produtos (ibid. 243-244; Arsh et al. 1992, 437). A década de 1960, especialmente a sua segunda metade, preparou as condições para uma ofensiva mais alargada na construção de grandes e complexas instalações da indústria de transformação pesada, com o objetivo de promover a industrialização socialista da Albânia (Banja e Tochi 1979, 127). Em outubro de 1967, o APT, no âmbito da sua estratégia de revolução científica e tecnológica, formulou pela primeira vez as *prioridades de desenvolvimento da indústria pesada*, designando como sectores prioritários *a eletricidade, a indústria química e a engenharia mecânica* (PLA 1982, 450-453).

Entre 1971 e 1975, ao mesmo tempo que se dava prioridade ao desenvolvimento da eletricidade e da refinação de petróleo e à criação de uma metalurgia não ferrosa, foi também dada muita atenção à produção das indústrias ligeira e alimentar no NRA (Omari e Pollo 1988, 317).

Em 1976-1980, foi criada a metalurgia ferrosa e a metalurgia não ferrosa continuou a desenvolver-se. Simultaneamente, o estabelecimento da indústria de ferrocrómio, da pirometalurgia e da produção de laminagem de cobre aumentou o nível de transformação local de matérias-primas minerais, o que abriu perspectivas para novos produtos industriais (ibid. 334).

Inicialmente, as poupanças provenientes da agricultura desempenhavam um papel importante no financiamento da industrialização. Posteriormente, a fonte de fundos passou a ser as receitas das empresas estatais nos sectores da indústria, construção, agricultura, etc. (Bania, Tochi 1979, 71-72).

Desde 1965, a elite do poder comunista, reagindo ao crescente descontentamento público, tem tentado consolidar a sua posição entre a classe trabalhadora, reduzindo gradualmente os salários dos gestores das empresas. Em 1987, o Conselho de Ministros do NSRA adoptou as resoluções "Sobre o estímulo do crescimento da produção através dos salários", "Sobre a utilização mais correta dos incentivos materiais adicionais e dos fundos especiais" e "Sobre os critérios de avaliação das actividades financeiras e económicas das empresas". Previa-se a utilização de alavancas económicas para estimular a atividade produtiva dos trabalhadores, em primeiro lugar nos sectores de maior importância para a economia nacional. Aquando da aprovação dos planos para 1989 e 1990, os seus indicadores foram ajustados a favor do incentivo às indústrias produtoras de bens de consumo, com garantia de estabilidade dos preços dos bens essenciais (Schnytzer 1982, 31-53; Smirnova 2003, 354).

Quadro 19
Taxas de crescimento previstas e efectivas da produção bruta da indústria NDSA (média anual, %)

Período	Plano	Facto	Percentagem de realizações
1949-1950	11,5	10,5	91
1951-1955	27,7	22,5	81
1956-1960	14,0	16,9	121
1961-1965	7,0	6,8	97
1966-1970	8,7	12,9	148

1971-1975	10,3	8,7	84
1976-1980	7,3	6,2	85
1981-1985	6,5	2,7	42
1986-1990	5,5	1,1	20

Fontes: Bania, Tochi 1979; PLA 1982; Omari e Pollo 1988; Sandstrom e Sjoberg 1991; Williams et al. 1996; Chronos 2002; Diretório de Estatísticas 1984; Drejtoria e Statistikkös 1974, 1979; Vjetari statistikor i Shqirrirysö. Pranö: Ministria e Ekonomise. Drejtoria e Statistikös, vários volumes.

Em média, durante o período de 40 anos (1951-1990), os planos quinquenais para a produção industrial na Albânia foram cumpridos em apenas 90%. Os maiores êxitos foram alcançados em 19561960 e 1966-1970, quando o plano quinquenal foi excedido em 21 e 48%, respetivamente. Na década de 80, em condições de crise sistémica crescente, verificou-se já uma rápida deterioração do cumprimento dos objectivos. Como resultado, o plano quinquenal para o crescimento da produção industrial bruta em 1986-1990 foi realizado apenas em % (Quadro 19).

Tabela 20
Taxas de crescimento da produção bruta da indústria NISA por principais divisões
(média anual, %)

Período	Todo o sector	Grupo "A"	Grupo "B"
1951-1990	9,7	10,1	9,2
1951-1955	22,5	20,2	24,9
1956-1960	16,9	17,9	15,9
1961-1965	6,8	7,1	6,6
1966-1970	12,9	16,5	8,9
1971-1975	8,7	9,3	7,7
1976-1980	6,2	8,7	2,0
1981-1985	2,7	2,6	2,9
1986-1990	1,1	0,0	2,9

Fonte: Vjetari statistikor i Shqiperise. Tirane: Ministria e Ekonomise. Drejtoria e Statistikes, 1991, 145.

Quadro 21
Produção bruta da indústria NDSA por principais divisões (a preços constantes, %)

Divisão	1950	1960	1970	1980	1990
Grupo "A"	51,9	48,9	57,0	64,0	60,2
Grupo "B"	48,1	51,1	43,0	36,0	39,8
total	100,0	100,0	100,0	100,0	100,0

Fonte: Vjetari statistikor i Shqiperise. Tirane: Ministria e Ekonomise. Drejtoria e Statistikes, 1991, 146-147.

No período compreendido entre 1951 e 1990, na Albânia, a produção de meios de produção (grupo "A") registou um aumento médio mais rápido do que a produção de bens de consumo (grupo "B"). Em 1951-1955, a produção do grupo "B" aumentou mais rapidamente do que a do grupo "A". No quinquénio seguinte (1956-1960), a liderança passou para o grupo "A", que a manteve até ao início da década de 1980. Nos dois últimos quinquénios (1981-1985 e 1986-1990), o grupo "B" voltou a estar à frente do grupo "A"

em termos de dinâmica de crescimento da produção (ver Quadro 20).
Como é que as proporções estruturais se alteraram entre os dois grupos?
Os dados sobre a estrutura da produção bruta da indústria albanesa por divisões principais mostram a predominância da produção de meios de produção sobre a produção de bens de consumo. Além disso, como resultado, a parte do grupo "A" na produção total da indústria albanesa aumentou de 51,9% em 1950 para 60,2% em 1990, enquanto a parte do grupo "B" diminuiu, respetivamente, de 48,1% para 39,8%. É verdade que este último grupo conseguiu aumentar a sua parte em quase quatro pontos percentuais entre 1980 e 1990, o que, no entanto, não afectou muito o resultado final (Quadro 21).

Quadro 22
Produção bruta da indústria NISA por sector
(sector público; a preços constantes, %)

Indústria	1950	1960	1970	1980	1990
Indústria do petróleo e do betume	16,6	14,3	14,3	9,3	5,1
Indústria do carvão	1,2	1,5	1,5	1,4	1,6
Indústria do cromo	1,9	1,8	1,3	1,7	1,6
Indústria do cobre	2,1	0,8	5,0	6,4	7,1
O ferroníquel e a indústria metalúrgica	0,0	2,1	3,0	3,4	3,2
Indústria da eletricidade	0,7	1,1	1,0	3,6	2,9
Indústria química	0,5	0,5	3,1	4,7	5,3
Indústria mecânica	2,8	2,7	7,3	12,5	14,6
Indústria de materiais de construção	2,8	4,3	5,7	7,8	5,5
Indústria do vidro e da cerâmica	0,0	0,2	0,6	0,9	0,9
Indústria da madeira e do papel	5,7	10,4	7,6	5,8	5,1
Indústria ligeira	6,9	19,0	19,1	15,5	19,1
Indústria alimentar	56,2	40,1	29,2	25,5	25,5
Indústria gráfica	1,4	0,7	0,9	0,8	0,8
Outro sector	1,2	0,5	0,4	0,7	1,7
total	100,0	100,0	100,0	100,0	100,0

Fonte: Vjetari statistikor i Shqiperise. Tirane: Ministria e Ekonomise. Drejtoria e Statistikes, 1991, 154-155.

Quais foram as principais alterações na *estrutura setorial do* sector industrial do Estado durante o período socialista?
Durante o período socialista de mais de quatro décadas e meia da história da Albânia independente, a indústria alimentar continuou a ser a mais significativa em termos da sua parte na indústria estatal do país, apesar de a sua parte na produção bruta do sector público ter diminuído para cerca de metade. Para além disso, as posições de liderança na indústria estatal entre 1950 e 1990 foram ocupadas pelas indústrias ligeira, mecânica e do cobre. As novas indústrias que surgiram nos anos posteriores a 1950 foram o ferro-

níquel e a metalurgia, bem como o vidro e a cerâmica (Quadro 22).[29]

Quadro 23
Taxa média anual de variação da produção bruta da indústria do NDSA por sector (sector público, %)

Indústria	1951 1960	1961 1970	1971 1980	1981 1990	1951 1990
Indústria do petróleo e do betume	17,9	9,8	2,8	-4,0	6,3
Indústria do carvão	22,8	9,4	6,5	3,7	10,4
Indústria do cromo	19,4	5,7	10,8	1,5	9,1
Indústria do cobre	8,3	32,2	10,1	2,9	12,9
O ferroníquel e a indústria metalúrgica	...	16,2	11,0	2,8	9,9*
Indústria da eletricidade	24,6	16,6	14,5	-0,4	13,4
Indústria química	21,5	30,8	11,8	3,2	16,4
Indústria mecânica	18,9	21,4	13,4	3,5	14,1
Indústria de materiais de construção	24,9	12,8	10,9	-1,6	11,3
Indústria do vidro e da cerâmica	...	20,9	11,4	1,9	11,1*
Indústria da madeira e do papel	27,1	6,5	4,6	0,5	9,2
Indústria ligeira	33,1	9,4	5,2	4,0	12,4
Indústria alimentar	15,7	6,4	6,0	1,9	7,4
Indústria gráfica	11,6	12,2	6,3	1,7	7,9
Outro sector	4,8	11,1	20,9	5,9	10,5
Setor industrial do Estado, total	19,7	9,8	7,4	1,9	9,5

*1961-1990.
Fonte: ver quadro anterior.

Que sectores da indústria socialista na Albânia eram os *mais dinâmicos*?

Em média, durante o período de 1951-1990, no sector industrial estatal da CNRA, que produziu cerca de 95% da produção industrial total do país no final da era socialista, as taxas de crescimento mais elevadas registaram-se nas indústrias química (16,4%) e mecânica (14,1%), bem como na indústria da energia eléctrica (13,4%). Seguiram-se o cobre (12,9 por cento) e a indústria ligeira (12,4 por cento). Para além disso, a indústria de materiais de construção (11,3%) também era altamente dinâmica (Quadro 23).

Esta situação geral foi possível sobretudo devido à **aplicação coerente, por parte** da direção comunista albanesa, principalmente durante o período em que Enver Hoxha (1944-1985) esteve no poder, da **estratégia estalinista** clássica e ortodoxa **de industrialização socialista**.

Quadro 24
Taxa média de crescimento anual do rendimento nacional produzido do sector NISA
(a preços constantes, %)

Indicador	1951-1960	1961-1970	1971-1980	1981-1990	1951-1990
Rendimento nacional, total	20,3	10,7	8,2	0,5	9,7
Número de empregados	11,4	7,0	7,6	3,6	7,4
Rendimento nacional por pessoa empregada	8,0	3,5	0,5	-3,0	2,2

---

[29] Importa ter em conta que, na Albânia socialista, a maior parte das receitas do orçamento de Estado provinha das receitas da indústria e do comércio estatais. *D.S.*

Calculado a partir de: Vjetari statistikor i Shqiperise. Tirane: Ministria e Ekonomise. Drejtoria e Statistikes, vários volumes; The Conference Board 2020. O mesmo se aplica aos quadros seguintes.

De um modo geral, durante o período 1951-1990, bem como nas suas décadas individuais, o rendimento nacional produzido por pessoa empregada na indústria albanesa aumentou a um ritmo mais lento do que a expansão do emprego. O aumento mais rápido da produtividade do trabalho na indústria albanesa registou-se na década de 50, devido às taxas mais elevadas de crescimento da produção líquida em todo o período de 40 anos. Nas décadas seguintes, o crescimento da produtividade do trabalho industrial abrandou gradualmente. Finalmente, na década de 80, a expansão do emprego foi acompanhada por uma queda da produtividade do trabalho na indústria (ver Quadro 24).

Quadro 25
Percentagem do aumento da produtividade do trabalho e do aumento do número de trabalhadores no crescimento do rendimento nacional produzido da indústria da ENDS
(em %; Aln Y = 100,0)

Símbolo	1951-1960	1961-1970	1971-1980	1981-1990	1951-1990
Aln(Y/L)	41,6	33,7	6,3	-600,0	23,1
Aln/,	58,4	66,3	93,7	700,0	76,9

A indústria socialista na Albânia desenvolveu-se, assim, segundo uma via predominantemente extensiva e, após 1980, todo o aumento da produção líquida foi obtido através do aumento do número de pessoas empregadas (Quadro 25).

Quadro 26
Taxa média de crescimento anual do rendimento nacional produzido pelos sectores de infra-estruturas da economia dos NDSA (a preços constantes, %)

Indicador	1951-1960	1961-1970	1971-1980	1981-1990	1951-1990
Rendimento nacional, total	18,0	4,6	-0,9	0,2	5,2
Número de empregados	-1,4	-0,2	10,1	0,9	2,2
Rendimento nacional por pessoa empregada	19,7	4,8	-9,9	-0,6	2,9

Tabela 27
Percentagem do aumento da produtividade do trabalho e do aumento do número de pessoas empregadas no crescimento do rendimento nacional produzido dos sectores de infra-estruturas da economia NSDS
(em %; Aln Y = 100,0)

Símbolo	1951-1960	1961-1970	1971-1980	1981-1990	1951-1990
Aln(Y/L)	108,6	104,2	-	-290,9	56,8
$AlnL$	-8,6	-4,2	-	390,9	43,2

Que resultados obtiveram *os sectores infra-estruturais da* economia albanesa durante o socialismo?

Na Albânia socialista, os sectores das infra-estruturas de produção incluíam a construção, os transportes e as comunicações, o comércio interno e externo, bem como outros sectores da produção material. De um modo geral, durante o período 1951-1990, o rendimento nacional produzido por pessoa empregada nas indústrias de infra-estruturas da economia NSRA cresceu mais rapidamente do que a expansão do emprego. No entanto, a produtividade do trabalho cresceu apenas até ao início da década de 1970, tendo depois diminuído até ao final do período em análise (ver Quadro 26). Como resultado, os ramos infra-estruturais da economia da NDSA desenvolveram-se, em regra, segundo uma trajetória predominantemente intensiva, exceto na última década do período socialista (ver Quadro 27).

Capítulo VIII
O sistema bancário da Albânia socialista
Após a Segunda Guerra Mundial, na Albânia, que tinha enveredado pelo caminho da construção do socialismo, o regime comunista estabeleceu um **sistema bancário de** nível único ou monista, em plena conformidade com o paradigma estalinista clássico. Durante mais de quatro décadas e meia, os bancos albaneses funcionaram em condições de extrema centralização.

Durante muito tempo, o sistema bancário era constituído por um único *banco estatal,* criado em janeiro de 1945 como centro único de emissão, crédito, liquidação e tesouraria do país, que dispunha de uma rede de sucursais locais. O Banco do Estado emitia moeda, regulava a circulação monetária, concedia empréstimos a curto e longo prazo a todos os sectores da economia nacional e financiava a construção de capital. Era responsável pela execução do orçamento do Estado em numerário. Organizava as liquidações em toda a economia nacional, efectuava-as com países estrangeiros e realizava operações com ouro e moeda estrangeira.

No entanto, o Gosbank tinha funções muito limitadas, uma vez que tanto a política monetária como a atribuição de crédito se baseavam em planos nacionais. Mantinha registos de todas as transacções financeiras das empresas e os bancos de poupança e de seguros funcionavam igualmente no seu âmbito. Na **Albânia, contrariamente à prática bancária habitual, as poupanças da população não eram utilizadas para a concessão de crédito, mas para as despesas do orçamento do Estado.**

Em 1957, foi introduzido um tratamento diferenciado para as empresas com bom e mau desempenho (ver: Banco Estatal da Albânia 1972). *O Banco Agrícola da Albânia* foi separado do Banco Estatal em 12 de dezembro de 1969, tendo sido criado para "reforçar o papel do crédito no desenvolvimento e na assistência às cooperativas agrícolas" (BSE Yearbook 1969, 202).

Em 1990, o departamento de relações externas do Banco Estatal constituiu a base para a criação do Banco de Comércio Externo da Albânia, cujo papel consistia em financiar e promover as actividades de exportação e os pagamentos externos. No final do período socialista, o sistema bancário albanês era constituído pelas seguintes *instituições financeiras públicas* com diferentes funções: (1) um banco central emissor e comercial, (2) uma instituição de crédito rural, (3) uma caixa económica (Sberbank) e (4) uma agência de financiamento do comércio externo.

Os bancos albaneses prestaram uma gama de serviços bastante limitada durante a era socialista, uma vez que estavam essencialmente envolvidos em transacções em numerário e na compensação mútua de pagamentos facturados entre empresas ou entre o Estado e as empresas. Os empréstimos ao sector empresarial eram concedidos pelo Estado exclusivamente no âmbito do processo de planeamento centralizado. Estes empréstimos eram concedidos automaticamente em caso de dificuldades de financiamento. Esta prática significava, de facto, a chamada "restrição orçamental suave" já mencionada. As taxas de juro eram fixadas pelo Banco do Estado e raramente eram alteradas durante o período socialista (Kazinczy 2012, 41-42).

CONCLUSÃO

1. O Estado moderno da Albânia formou-se no período que decorreu entre a independência e a ocupação italiana (1912-1939). No entanto, a procura de uma identidade europeia deparou-se com a herança de séculos de domínio otomano-turco e com os problemas de uma sociedade que vivia essencialmente num quadro feudal. Não obstante, houve tentativas de modernizar o país, de formar um sistema de instituições democráticas e de ultrapassar séculos de atraso, associadas ao Congresso Patriótico de 1920 e à Revolução de junho de 1924.

2. No entanto, as forças democráticas não conseguiram resolver a questão agrária e foram rapidamente derrotadas. O regime ditatorial de Zogu (1924-1939), apesar de uma certa modernização com o apoio italiano e o investimento estrangeiro, manteve relações feudais que a reforma agrária de 1930 pouco alterou. Ao mesmo tempo, o sistema jurídico do país foi transformado, na sua maior parte, de acordo com as normas europeias.

3. Os comunistas, que chegaram ao poder no final da Segunda Guerra Mundial em resultado da luta armada antifascista de libertação nacional de 1941-1944, nacionalizaram os principais meios de produção não agrícolas. Durante 1945-1946. O CPA implementou uma reforma agrária radical que levou à eliminação completa do feudalismo. Através da coletivização da agricultura, o CPA e, mais tarde, o APT, eliminaram completamente a propriedade privada da economia legal.

4. O desenvolvimento do modelo albanês de socialismo passou por uma série de fases, que difeririam entre si, principalmente em termos de orientação da política externa:

- O conflito entre Estaline e Broz Tito levou a um afastamento da linha pró-jugoslava na política externa e interna do país e ao reforço dos laços com o bloco soviético. A Albânia aderiu ao CMEA em fevereiro de 1949, através do qual recebeu uma ajuda externa considerável da URSS e de outros países socialistas, que contribuiu para a modernização da sua economia. A construção do socialismo foi iniciada através da aplicação de planos bienais e, posteriormente, de uma série de planos quinquenais, no âmbito da estratégia de industrialização e coletivização de Estaline. Em conformidade com esta orientação, a Albânia participou na criação da OIA em maio de 1955.

- O APT foi o único dos partidos comunistas e operários no poder na Europa Oriental a opor-se à linha do 20º Congresso do PCUS sobre a desestalinização. No final dos anos 50, a Albânia não aceitou o papel de fornecedor de produtos agrícolas e mineiros que lhe foi atribuído pela URSS no âmbito da CMEA. Dado que a ARN apoiou a China no conflito sino-soviético, a URSS cortou as relações diplomáticas com a Albânia em dezembro de 1961. A partir de março de 1962, os representantes albaneses deixaram de participar nos trabalhos dos órgãos do CMEA e, em setembro de 1968, a Albânia anunciou a sua retirada da OIA. Posteriormente, manteve relações estreitas com a China maoísta, recebendo dela ajuda económica e militar. A construção de instalações industriais, iniciada com a ajuda dos países membros do CMEA, prosseguiu com a assistência financeira e técnica da China. Em meados da década de 60, a Albânia assistiu mesmo a uma revolução cultural e ideológica que fazia lembrar um acontecimento chinês semelhante. A constituição de 1976 do CNRA proibia o envolvimento de fundos estrangeiros na economia. Por fim, a normalização das relações entre os EUA e a China minou a parceria entre Pequim e Tirana e, em julho de 1978, a China cortou a ajuda à Albânia.

- Tendo rompido a aliança com os maoístas, a Albânia prosseguiu uma política de máxima autossuficiência possível em condições de auto-isolamento. Simultaneamente, as relações com a Jugoslávia intensificaram-se de forma acentuada. Nos anos 80, começaram a surgir fenómenos de crise na economia e na sociedade. Após a morte de Enver Hoxha, em abril de 1985, a nova liderança, encabeçada por Ramiz Aliya, adoptou uma linha de desestalinização cautelosa e começou a estabelecer contactos com o mundo exterior. Em abril de 1991, foram restabelecidas as relações diplomáticas com a URSS. No entanto, nessa altura o socialismo albanês já se encontrava numa profunda crise sistémica e, com a liquidação do APT e a realização de duas eleições livres em 1991-1992, a sua era *já* tinha terminado.

5. A primeira constituição da Albânia do pós-guerra (NRA, 1946) reconhecia três formas de propriedade - estatal, cooperativa e privada. O desenvolvimento da propriedade privada foi muito limitado por obstáculos ideológicos. Consequentemente, com o desaparecimento das empresas em nome individual no início da década de 1970, esta forma de propriedade acabou por desaparecer. Consequentemente, a segunda constituição da Albânia socialista (NSRA, 1976) mencionava apenas as formas de propriedade do Estado e das cooperativas.

6. A Albânia socialista tinha um sistema de planeamento centralizado que deixava pouco espaço para a iniciativa das autoridades locais ou das empresas individuais. Só a partir de 1985 é que se começaram a verificar algumas

mudanças, mas até ao final do período socialista estas quase não tocaram na essência do modelo económico ultra-stalinista que se tinha desenvolvido no país.

O sistema financeiro e de crédito na Albânia tem sido dominado pelo Banco do Estado desde 1945. Outros bancos surgiram muito mais tarde (Banco Agrícola em 1969, Banco de Comércio Externo em 1990). No NSRA, contrariamente à prática bancária normal, as poupanças da população não eram utilizadas para a concessão de crédito, mas sim para as despesas do orçamento do Estado.

7. No NSRA, os planeadores deram prioridade ao desenvolvimento de indústrias de mão de obra intensiva. Até ao início da década de 1980, o desenvolvimento industrial, em plena conformidade com o paradigma estalinista, caracterizava-se por um crescimento superior da produção de meios de produção (grupo "A") em relação à produção de bens de consumo (grupo "B"). No entanto, apesar da gestão estritamente centralizada da indústria, os resultados da realização dos objectivos programados deixaram, na maioria dos casos, muito a desejar.

8. A Constituição de 1976 do NSRA, pela primeira vez na prática internacional, proibiu estritamente a atração de capital não só empresarial mas também de capital de empréstimo para a economia proveniente do estrangeiro. Simultaneamente, aboliu também, pela primeira vez no mundo, a tributação dos cidadãos, o que pode talvez ser considerado como o elemento mais interessante do socialismo albanês.

9. O desenvolvimento sócio-económico a longo prazo da NSRA foi dominado por uma tendência para abrandar as taxas de crescimento dos seus principais indicadores, embora até meados da década de 70 e início da década de 80 estas taxas se situassem a um nível relativamente elevado em comparação com outros países da Europa Oriental. Simultaneamente, o nível de vida na Albânia, apesar da industrialização em larga escala, manteve-se até ao final do período socialista inferior ao da província autónoma vizinha do Kosovo, de etnia predominantemente albanesa, na Sérvia e na Jugoslávia.

10. Na Albânia, a reorganização estrutural da economia nacional teve início quase imediatamente após a libertação da ocupação fascista, o que levou a que a Albânia passasse, com relativa rapidez, de um país agrário atrasado para um país agrário-industrial. No decurso da transformação, foi atingido o pleno emprego, típico do socialismo etatista, de modo que, pelo menos até ao início dos anos 80, a Albânia registava apenas desemprego na fábrica.

11. Devido ao rigoroso controlo estatal sobre os preços, o problema da

contenção da inflação na Albânia durante a maior parte do período socialista foi praticamente inexistente.

12. A agricultura foi reorganizada durante a coletivização em massa do campesinato, realizada entre 1946 e 1967, pelo que, no início dos anos 70, só restavam dois sectores de propriedade - cooperativo e estatal. O desenvolvimento da produção agrícola na NDSA foi predominantemente intensivo, com um progresso técnico de mão de obra intensiva. Em meados da década de 70, a Albânia já se tinha tornado autossuficiente na produção de cereais, o que constituiu uma das mais importantes realizações do socialismo.

13. O desenvolvimento industrial do NSRA foi impulsionado principalmente pelo aumento do número de trabalhadores, que provinham sobretudo da população agrária. No entanto, nas infra-estruturas de produção da economia albanesa, o fator decisivo de crescimento foi o aumento da produtividade do trabalho.

14. No NSRA, o controlo macroeconómico centralizado por parte do Estado parece ter sido reduzido ao ponto do absurdo. As chamadas "restrições orçamentais brandas" desempenharam um papel importante nas actividades económicas das empresas albanesas, que tiveram poucas oportunidades de dispor livremente das suas receitas em condições de gestão e planeamento excessivamente centralizadas. No entanto, a **principal razão para o colapso do socialismo na Albânia reside no nível de vida relativamente baixo da sua população,** no facto de, apesar de todos os êxitos alcançados após a libertação, este pequeno país dos Balcãs continuar a ser o mais pobre do continente europeu.

Explicações metodológicas

As estatísticas oficiais dos países socialistas tendiam a seguir o seu próprio *Sistema de Produtos Materiais* (SPM), em vez do *Sistema de Contas Nacionais* (SCN) das Nações Unidas, adotado pelos países capitalistas desenvolvidos e pelos países em desenvolvimento.

As principais diferenças estruturais entre o SCN e o SCN prendem-se com interpretações diferentes do valor recém-criado e da acumulação de riqueza, daí as diferenças nos procedimentos de cálculo dos agregados brutos e líquidos. No SCN, muitos serviços não são considerados como valor acrescentado, pelo que são excluídos do produto líquido agregado, uma vez que muitos serviços sociais eram prestados gratuitamente nas sociedades de tipo soviético. Como o nome indica, o PMS mede a produção anual de todos os bens materiais e serviços de produção. Divide a economia nacional nos três sectores seguintes: (1) empresas de produção socialista, (2) a esfera não produtiva e (3) as famílias. Normalmente, os planeadores dos países socialistas recolhiam dados completos sobre as unidades físicas de produção. Esta não é a prática normal nas contas nacionais tradicionais, que consideram apenas o valor da produção.

Os críticos das contas do PMS argumentam que, ao fornecer informações detalhadas sobre o valor e a quantidade de riqueza produzida, mas muito pouca informação sobre os seus consumidores, a elite comunista manteve praticamente em segredo a distribuição real do rendimento, dos bens de consumo e do capital acumulado nos países da Europa de Leste.

Os defensores do PMS, pelo contrário, consideram que, se muitos bens e serviços são oferecidos aos consumidores comuns gratuitamente ou abaixo do custo como uma componente generalizada do rendimento das famílias, torna-se difícil ou mesmo sem sentido estimar a despesa de consumo em termos monetários. Neste caso, é mais adequado considerar os bens e serviços que as pessoas consomem e os benefícios de que usufruem.

Assim, existem grandes diferenças nos métodos de avaliação entre os dois sistemas, uma vez que o PMS tem em conta principalmente os preços administrados, enquanto o SCN tem em conta principalmente os preços de mercado reais ou imputados (ver: Sistema de Produtos Materiais 2011).

O principal indicador económico nos países socialistas era o *rendimento nacional*, o equivalente concetual do produto interno bruto (PIB), embora quantitativamente estes dois indicadores sejam definidos de forma diferente. Assim, o rendimento nacional produzido era calculado exclusivamente para a esfera da produção material, excluindo assim a maioria dos sectores de serviços incluídos no PIB. Ao mesmo tempo, a esfera da produção material incluía a indústria, a agricultura e a silvicultura, a construção, o comércio por grosso e a retalho, o abastecimento, o transporte de mercadorias, mas não de passageiros, as comunicações e outras indústrias. O rendimento nacional foi calculado deduzindo o valor de todos os custos de produção, incluindo os custos dos materiais, a depreciação e o trabalho incorporado nos meios de produção, da produção total dos ramos de atividade material.

Para efeitos de comparação com o PIB, é necessário acrescentar ao rendimento nacional o valor das amortizações não deduzidas no cálculo do PIB, bem como o valor total de todos os serviços classificados como não produtivos no SCN. Estes últimos abrangem os cuidados de saúde, a educação, a construção de habitações, a habitação e os serviços de utilidade pública, os serviços aos consumidores, as comunicações não produtivas, os transportes de passageiros, os serviços financeiros (banca, crédito, seguros), os departamentos e serviços da administração pública, o complexo industrial de defesa e os organismos públicos. Os componentes fiscais deduzidos na determinação do rendimento nacional devem também ser adicionados para se chegar ao PIB (ver: Produto Material Líquido 2011).

Lista dos principais dirigentes da Albânia de 1912 a 1992.

28 de novembro de 1912.	Proclamação da independência do Império Turco-Otomano
7 de março de 1914.	Principado da Albânia
22 de janeiro de 1925.	República da Albânia
1 de setembro de 1928.	Reino da Albânia
7 de abril de 1939.	Ocupação italiana (união pessoal com a Itália até 1943)
11 de janeiro de 1946.	República Popular da Albânia
28 de dezembro de 1976.	República Socialista Popular República da Albânia
30 de abril de 1991.	República da Albânia

Secretário do Comité Central do CPA
8 de novembro de 1941 - 22 de março de 1943.   Enver Hoxha

Secretário-Geral do Comité Central do CPA
22 de março de 1943 - 22 de novembro de 1948.   Enver Hoxha

Secretário-geral do Comité Central da APT
22 de novembro de 1948 - 17 de julho de 1954.   Enver Hoxha

Primeiro Secretário do Comité Central da APT
17 de julho de 1954. - 11 de abril de 1985.   Enver Hoxha

Secretários do Comité Central da APT
11-13 de abril de 1985.   Vangel Cherrava Lenka Chuko Simon Stephanie

Primeiro Secretário do Comité Central da APT
13 de abril de 1985. - 4 de maio de 1991.   Ramiz Alia

Presidente da Assembleia Nacional
28-29 de novembro de 1912.   Ismail Kemali

Presidente do Governo Provisório
29 de novembro de 1912. - 22 de janeiro de 1914.   Ismail Kemali
12 de outubro de 1913. - 12 de fevereiro de 1914.   Essad Pasha Toptani
(Presidente do Conselho de Anciãos da Albânia Central, na oposição em Durres)

Presidente do Governo Central
22 de janeiro a 7 de março de 1914.   Feizi-bay Alizoti

Presidente do Governo Provisório do Épiro do Norte
março de 1914. - abril de 1916.   Georgios Zografos (na oposição)

Príncipe soberano
7 de março - 3 de setembro de 1914.   Wilhelm Weed

Presidente do Conselho de Administração < conselheiros
setembro de 1914.   Kyamil Musa Hadjifeza

Presidente do Conselho Geral
setembro - outubro de 1914.   Mustafa bey Ndroki

Presidente do Governo Provisório
5 de outubro de 1914. - 24 de fevereiro de 1916.   Essad Pasha Toptani
28 de dezembro de 1918. - 28 de janeiro de 1920.   Turhan Pasha Permeti

Presidente do Governo Nacional
28-30 de janeiro de 1920.   Suleiman Bey Delvina

30 de janeiro de 1920. - 25 de dezembro de 1921. Conselho Superior: Akif Pasha Bichaku (até 22 de dezembro de 1921) Luij Bumci (até 22 de dezembro de 1921) Abdi-bey Toptani Michal Turtulli

25 de dezembro de 1921 - 31 de janeiro de 1925. Conselho Superior: Omer Pasha Vrioni (até 22 de janeiro de 1922) Ndok Pistulli (até 22 de janeiro de 1922) Sotir Peci Refik-bey Toptani Jafer-bey Yupi (até 2 de dezembro de 1922) Gjon Choba (até 2 de dezembro de 1922)

2 de julho - 24 de dezembro de 1924.   Fã Noli (a.i. em nome do Conselho Superior)

Presidente
31 de janeiro de 1925. - 1 de setembro de 1928.   Ahmet Zogu
Rei
1 de setembro de 1928 - 8 de abril de 1939.   Zogu I
9-12 de abril de 1939.   Jafer Yupi
(Presidente do Comité Administrativo Provisório)

12-16 de abril de 1939.   Shefket Bey Verlaci (Chefe de Estado em exercício)

16 de abril de 1939 - 3 de setembro de 1943.   Victor Emmanuel III
Vice-Rei-Representante de Victor Emmanuel III
abril de 1939 - março de 1943.   Francesco Iacomoni di San Savino
março - setembro de 1943.   Alberto Pariani
Presidente do Comité Executivo Provisório
14 de setembro - 20 de outubro de 1943.   Ibrahim-bey Bichaku
Presidente do Conselho Supremo da Regência
20 de outubro de 1943 - 25 de outubro de 1944.   Mehdi Bey Frasheri
Presidente da Mesa da ANOSA
26 de maio de 1944 - 12 de janeiro de 1946.   Omer Nishani
Presidente do Presidium da Assembleia Constituinte
12 de janeiro - 14 de março de 1946.   Omer Nishani
Presidente do Presidium da Assembleia Popular
14 de março de 1946 - 1 de agosto de 1953.   Omer Nishani
1 de agosto de 1953 - 22 de novembro de 1982.   Haji Leshi
22 de novembro de 1982. - 30 de abril de 1991.   Ramiz Alia
Presidente
30 de abril de 1991 - 3 de abril de 1992.   Ramiz Alia
Primeiro-Ministro
17 de março - 3 de setembro de 1914.   Turhan Pasha Permeti
27 de março - 14 de novembro de 1920.   Suleiman Bey Delvina
10 de dezembro de 1920. - 19 de outubro de 1921.   Ilyaz-bey Vrioni (pela 1ª vez)
19 de outubro - 6 de dezembro de 1921.   Pandeli Evangeli (pela 1ª vez)
6-7 de dezembro de 1921.   Kyazim Kotsuli
7-12 de dezembro de 1921.   Hasan-bey Pristina
12-30 de dezembro de 1921.   Idomene Kostouri
30 de dezembro de 1921 - 4 de dezembro de 1922.   Jafer Bey Yupi (pela primeira vez)

4 de dezembro de 1922 - 5 de março de 1924.	Ahmet Zogu (pela 1ª vez)
5 de março - 2 de junho de 1924.	Shefket bey Verlaci (pela 1ª vez)
2-16 de junho de 1924.	Ilyaz-bey Vrioni (pela 2ª vez)
16 de junho - 26 de dezembro de 1924.	Fã Noli
26 de dezembro de 1924 - 6 de janeiro de 1925.	Ilyaz-bey Vrioni (pela 3ª vez)
6-30 de janeiro de 1925.	Ahmet Zogu (pela 2ª vez)
10 de setembro de 1928 - 5 de março de 1930.	Kocho Kota (pela 1ª vez)
5 de março de 1930. - 22 de outubro de 1935.	Pandeli Evangeli (pela 2ª vez)
22 de outubro de 1935. - 9 de novembro de 1936.	Mehdi Bey Frasheri
9 de novembro de 1936 - 8 de abril de 1939.	Kocho Kota (pela 2ª vez).
12 de abril de 1939 - 4 de dezembro de 1941.	Shefket bey Verlaci (pela 2ª vez)
4 de dezembro de 1941 - 19 de janeiro de 1943.	Mustafa Merlika-Kruja
19 de janeiro - 13 de fevereiro de 1943.	Ekrem bey Libokhova (pela 1ª vez)
13 de fevereiro - 12 de maio de 1943.	Malik Bushati
12 de maio - 9 de setembro de 1943.	Ekrem Bey Libokhova (pela 2ª vez)
4 de novembro de 1943 - 18 de julho de 1944.	Recep Mitrovica
18 de julho - 7 de setembro de 1944.	Fikri Dine
7 de setembro - 26 de outubro de 1944.	Ibrahim-bey Bichaku

Presidente do Conselho de Ministros

22 de outubro de 1944 - 20 de julho de 1954.	Enver Hoxha
20 de julho de 1954. - 18 de dezembro de 1981.	Mehmet Shehu
18 de dezembro de 1981. - 22 de fevereiro de 1991.	Adil Charchani (em funções até 15 de janeiro de 1982).

Primeiro-Ministro

22 de fevereiro - 5 de junho de 1991.	Fatos Nano
5 de junho - 10 de dezembro de 1991.	Yully Boothy
10 de dezembro de 1991 - 13 de abril de 1992.	Wilson Ahmeti

Fontes e literatura utilizadas
I. Publicações oficiais, documentos e compilações
Em inglês
Factos. 1964. *Os Factos sobre as Relações Soviético-Albanesas*. Tirana: Naim Frasheri.
PLA. 1982. *História do Partido do Trabalho da Albânia*. Preparada pelo Instituto de Estudos Marxistas-Leninistas do Comité Central do Partido do Trabalho da Albânia. Segunda edição. Tirana: Editora "8 Nentori".
Em húngaro
Haluska Veronika. 1990. "Albania: az utolso bastya?" Em *Fbldindulas Kelet- Europaban 1988-1990*, editado por Eva Molnar, Zoltan Nagy e Tamas Vladar, 7-13. Budapeste: MTI Sajtoadatbank.
Haluska Veronika, Rosta Eva. 1991. "Albânia: ledolt az utolso bastya". Em *Fbldindulas Kelet-Europaban 1990-1991*, editado por Eva Molnar e Tamas Vladar, 730. Budapeste: MTI Sajtoadatbank.
Em servo-croata
Dukic, Miodrag, ur. 1981. *Enver Hodzina Albanija*. Beograd: Novinska Agencija Tanjug.

II. Estudos monográficos, relatórios científicos, documentos de trabalho e dissertações
Em russo
Arsh G.L., Ivanova Y.V., Smirnova N.D., Kolpakova O.A.. 1992. *A Brief History of Albania from the Most Ancient Times to the Present Day* / Ed. by Arsh G.L. Moscovo: Nauka Publishing House.
Bania Hasan, Tochi Veniamin. 1979. *A Albânia socialista na via da industrialização*. Tirana: Editora "8 Nentori".
Smirnova N.D. 2003. *Istoriya Albania v XX veka [História da Albânia no século XX]*. Moscovo: Editora Nauka.
Frascherie Cristo. 1964. *História da Albânia (uma breve revisão)*. Tirana.
Hoxha Enver. 1980. *Os Khrushchevitas*. Memórias. Tirana: Editora "8 Nentori".
Shaidurov V.N. 2008. *History of the Countries of Central and Eastern Europe from the Most Ancient Times to the End of the Twentieth Century*. São Petersburgo: Editora Osipov.
Em inglês
Austin, Robert Clegg. 2012. *Founding a Balkan State: Albania's Experiment with Democracy, 1920-1925 [Fundando um Estado dos Balcãs: A Experiência da Albânia com a Democracia, 1920-1925]*. Toronto: University of Toronto Press.
Biberaj, Elez. 1986. *Albania and China: A Study of an Unequal Alliance [Albânia e China: Estudo de uma Aliança Desigual]*. Boulder, CO: Westview Press.
Kazinczy, Eszter. 2012. "The Development of the Banking Setor and its Macroeconomic Environment in Southeast Europe". Tese de doutoramento, Universidade Corvinus de Budapeste, Departamento de Economia Mundial.
Logoreci, Anton. 1977. *The Albanians: Europe's Forgotten Survivors [Os Albaneses: Sobreviventes Esquecidos da Europa]*. Boulder, CO: Westview Press.
Marmullaku, Ramadan. 1975. *Albania and the Albanians*. Hamden, CT: Archon Books.
O'Donell, James S. 1999. *A Coming of Age: Albania under Enver Hoxha*. Nova Iorque: Columbia University Press.
Omari, Luan, e Pollo, Stefanaq. 1988. *The History of the Socialist Construction of Albania (1944-1975)*. Tirana: Editora "8 Nc'ntori".

Pearson, Owen. 2005. *Albania and King Zog: Independence, Republic and Monarchy, 1908-1939* *[A Albânia e o Rei Zog: Independência, República e Monarquia, 1908-1939]*. Londres e Nova Iorque: I.B. Tauris & Co. Ltd.
Pearson, Owen. 2006. *Albania in Occupation and War, 1939-1944 [Albânia na Ocupação e na Guerra, 1939-1944]*. Londres e Nova Iorque: I.B. Tauris & Co. Ltd.
Pearson, Owen. 2008. *Albania as Dictatorship and Democracy, 1944-1999 [A Albânia como Ditadura e Democracia, 1944-1999]*. Londres e Nova Iorque: I.B. Tauris & Co. Ltd.
Pettifer, James, e Vickers, Miranda. 2000. *Albania-From Anarchy to Balkan Identity [Albânia - Da Anarquia à Identidade dos Balcãs]*. Londres: C. Hurst & Co.
Prifti, Peter R. 1978. *Socialist Albania since 1944: Domestic and Foreign Developments.* Cambridge, MA: MIT Press.
Pollo, Stefanaq, Puto, Arben, Frashöri, Kristo, e Anamali, Skönder. 1981. *The History of Albania: From its Origins to the Present.* Londres e Boston: Routledge & Kegan Paul.
Schnytzer, Adi. 1982. *Stalinist Economic Strategy in Practice: The Case of Albania.* Oxford e Nova Iorque: Oxford University Press.
Vickers, Miranda. 1999. *The Albanians: A Modern History [Os Albaneses: Uma História Moderna]*. Londres e Nova Iorque: I.B. Tauris & Co. Ltd.
Em húngaro
Reti, Gyorgy. 1991. *Albania.* Budapeste: Panorama.
Simon Gyorgy Jr. 1997. *Albania europai integracios torekvesei, az EU szerepe az albaniai valsag rendezeseben.* Budapeste: Magyar Kulugyi Intdzet, 1997. julius.

III. Artigos e capítulos de livros

Em russo
Cherepanov N.M. 1973. Guerra Ítalo-Grega // Enciclopédia Bolshaya Sovetskaya em 30 vol. 3ª ed. / Editor-chefe Prokhorov AM Moscovo: Editora "Enciclopédia Sovetskaya", 1969-1978. T. 11. C. 44.
Em inglês
Papathimiu, Sonila. 2012. "The Demographic and Economic Development of Albania during and after the Decline of Communist Regime (1945-2010)". *Treballs de la Societat Catalana de Geografia.* Vol. 73. No. 6. 101-118.
Sandstrom, Per, e Sjoberg, Orjan. 1991. "Albanian Economic Performance: Stagnation in the 1980s". *Estudos Soviéticos.* Vol. 43. No. 5. 931-947.

IV. Fontes estatísticas, publicações e materiais metodológicos e de referência, bases de dados

Em russo
Dicionário Diplomático. 1985-1986. Dicionário Diplomático em três volumes / Editado por A.A. Gromyko Moscovo: Nauka Publishing House, 1985 (vol. 1-2), 1986 (vol. 3).
Anuário da Enciclopédia Soviética Bolshoi 1957-1990. Moscovo: Editora da Enciclopédia Soviética, 1957-1990.
Statistical Yearbook of CMEA Member Countries 1970-1990 (Anuário Estatístico dos Países Membros do CMEA 1970-1990). Secretariado do CMEA. Moscovo: Editora "Statistics" / "Finance and Statistics", 1970-1990.
Albânia. 1969. Bolshaya Sovetskaya Encyclopaedia em 30 vol. 3ª ed. / Ed. por A.M. Prokhorov Moscovo: Editora "Sovetskaya Encyclopaedia", 1969-1978. T. 1. C. 383-391.
Albânia. 2019. Material da Wikipedia, a enciclopédia livre. Acedido em 17 de julho de 2019, https://ru.wikipedia.org/wiki/An6anhttps://ru.wikipedia.org/wiki/An6an^
Albânia. 2020. Enciclopédia Bolshaya Rossiyskaya / Editor-chefe, Kravets S.L. Moscovo: Editora

da Enciclopédia Russa, 2004-2017. Data de circulação 1 de março de 2020, httpshttps://bigenc.ru/geography/text/4039045bigenc.ru/geography/text/4039045

Reino da Albânia. 2019. Material da Wikipedia, a enciclopédia livre. Acedido em 9 de março de 2019, https://ru.wikipedia.org/wiki/Албанское kingdom

República da Albânia. 2019. Material da Wikipedia, a enciclopédia livre. Acedido em 3 de julho de 2019, https://ru.wikipedia.org/wiki/https://ru.wikipedia.org/wiki/Албанская república

Albaneses. 2019. Material da Wikipedia, a enciclopédia livre. Acedido em 2 de setembro de 2019, https://ru.wikipedia.org/wiki/https://ru.wikipedia.org/wiki/'Albaneses'

Aaliyah. 2018. Aliya, Ramiz // Material da Wikipédia, a enciclopédia livre. Data de acesso 19 de outubro de 2018, https://ru.wikipedia.org/wiki/https://ru.wikipedia.org/wiki/Алия Ramiz

APT. 1969. Partido Albanês do Trabalho // Enciclopédia Bolshaya Sovetskaya em 30 vol. 3ª ed. / Editor-chefe Prokhorov A.M. Moscovo: Editora "Enciclopédia Sovetskaya", 1969-1978. T. 1. C. 392.

APT. 2018. Partido Trabalhista Albanês // Material da Wikipédia, a enciclopédia livre. Acedido em 21 de maio de 2018, https://ru^^^ikrpedia.org/wiki/AH6aHCKa2 napTH^Tpxaa

Japokicki Rising. 2020. Material da Wikipédia, a enciclopédia livre. Acedido em 27 de abril de 2020, yyr8;://sh.\1k1k1rei1a.ogc/\1k1/Japokika Rebellion

O governo provisório da Albânia. 2019. Material da Wikipédia, a enciclopédia livre. Acedido em 31 de maio de 2019, https://ru.wikipedia.org/wiki/https://ru.wikipedia.org/wiki/BpeMeHHoe Governo da Albânia

Congresso de toda a Albânia. 2018. Material da Wikipedia, a enciclopédia livre. Acedido em 5 de junho de 2018, https://ru.wikipedia.org/wiki/Bcean6https://ru.wikipedia.org/wiki/Bcean6aHCKHfi congresso

Comité das Minas. 2019. Material da Wikipédia, a enciclopédia livre. Acedido em 24 de fevereiro de 2019, https://ru.wikipedia.org/wiki/https://ru.wikipedia.org/wiki/Горный comité

Banco Estatal da Albânia. 1972. Bolshaya Sovetskaya Encyclopaedia in 30 vol. 3ª ed. / Editor-chefe Prokhorov A.M. Moscovo: Editora "Sovetskaya Encyclopaedia", 1969-1978. T. 7. C. 167.

Declaração de Independência da Albânia. 2019. Material da Wikipédia, a enciclopédia livre. Acedido em 9 de junho de 2019, https://ru.wikipedia.org/wiki/Декларация Declaração de Independência da Albânia

Deputados. 2021. Grupo de deputados (Albânia, 1945-1947) // Material da Wikipédia, a enciclopédia livre. Data do discurso 22 de fevereiro de 2021, 1shr8:.lt1.\\1kškesya.ogi\\\\1kg Grupo de Deputados (Albânia, 1945-1947)

DFA. 1972. Frente Democrática da Albânia // Enciclopédia Bolshaya Sovetskaya em 30 vol. 3ª ed. / Editor-chefe Prokhorov A.M. Moscovo: Editora "Enciclopédia Sovetskaya", 1969-1978. T. 8. C. 78.

Zogu. 2019. Zogu, Ahmet // Material da Wikipédia, a enciclopédia livre. Acedido em 1 de agosto de 2019, https://ru.wikipedia.org/wiki/3https://ru.wikipedia.org/wiki/3ory_AxMeT

História da Albânia. 2019. Material da Wikipedia, a enciclopédia livre. Acedido em 3 de julho de 2019, https://ru.wikipedia.org/wiki/https://ru.wikipedia.org/wiki/HcTop^_^ Albânia

A ocupação italiana da Albânia. 2019. Material da Wikipedia, a enciclopédia livre. Acedido em 8 de fevereiro de 2019, https://ru.wikipedia.org/wiki/Итальянская occupation-of-albania

Kemali. 2019. Kemali, Ismail // Material da Wikipédia, a enciclopédia livre. Acedido em 19 de abril de 2019, httpshttps://ru.wikipedia.org/wiki/Кемалиги.wikipedia.org/wiki/Кемали, Ismail

Principado da Albânia. 2019. Material da Wikipédia, a enciclopédia livre. ₁Acedido em 7 de março de 2019, httpS://ru^^^ikipedia org/wiki/KH^^^ecTBO AH6aHn^

Kushnir EW. 2022. *Investigação Macroeconómica*. Moscovo: Instituto Ivan Kushnir de

Economia e Direito, http://http://be5.biz/makroekonomika/5.biz/makroekonomika/
A ocupação alemã da Albânia. 2019. Material da Wikipédia, a enciclopédia livre. Acedido em 22 de março de 2019]; Disponível em: https;//ru^^ikipediaorg/wiki/HeMeyKaa pKKynann3 AH6aHnn
Noli. 2019. Noli, Phan // Material da Wikipédia, a enciclopédia livre. Acedido em 17 de julho de 2019, https://ru.wikipedia.org/wiki/https://ru.wikipedia.org/wiki/Honn_OaH
NSRA. 2019. República Socialista Popular da Albânia // Material da Wikipédia, a enciclopédia livre. Acedido em 13 de julho de 2019, https://ru.wikipedia.org/wiki/Народная_Республика Socialista da Albânia
"A primavera enganosa de 1956". 2018. Material da Wikipedia, a enciclopédia livre. ¡Acedido em 14 de abril de 2018, https://ru^^ikipedia org/wiki/O6MaHyBma2 BecHa 195^
Revolta do Postribe. 2021. Material da Wikipédia, a enciclopédia livre. Acedido em 4 de janeiro de 2021, https://ru.wikipedia.org/wiki/nocTpn6https://ru.wikipedia.org/wiki/nocTpn6cKoe BOCCTaHne
O massacre de 1951 na Albânia. 2018. Material da Wikipedia, a enciclopédia livre. Acedido em 13 de abril de 2018, https://ru.wikipedia.org/wiki/Pehttps://ru.wikipedia.org/wiki/Pe3^_1951_rofla na Albânia
República da Albânia Central. 2019. Material da Wikipédia, a enciclopédia livre. Acedido em 20 de janeiro de 2019, https://ru.wikipedia.org/wiki/Pecny6https://ru.wikipedia.org/wiki/Pecny6nnKa Albânia Central
Rustemi. 2018. Rustemi, Avni // Material da Wikipédia, a enciclopédia livre. Data de acesso 21 de outubro de 2018, https://ru.wikipedia.org/wiki/https://ru.wikipedia.org/wiki/PycTeMH_ABHH
A separação soviético-albanesa. 2018. Material da Wikipédia, a enciclopédia livre. Acedido em 8 de agosto de 2018, https://ru.wikipedia.org/wiki/CoBeTCKO-an6https://ru.wikipedia.org/wiki/CoBeTCKO-an6aHCKHfi_cisma
Toptani. 2019. Toptani, Essad Pasha // Material da Wikipédia, a enciclopédia livre. Acedido em 16 de julho de 2019, https://ru.wikipedia.org/wiki/https://ru.wikipedia.org/wiki/'Toptani,Essad Pasha'.
Hodge. 2019. Hoxha, Enver // Material da Wikipédia, a enciclopédia livre. ¡Acedido em 5 de agosto de 2019, https;//ru^7ikipedia org/wiki/Xpa^a 3HBep
Chronos. 2002. *A Albânia no século XX* / Comp. Piskunov S. A. Moscovo, 23 de janeiro de 2002, http://http://www.hronos.ru/land/1900alb.html.hronos.ru/land/1900alb.html

Em inglês
Diretório de Estatísticas 1984. *40 Anos de Albânia Socialista*. Tirana: M. Duri Press.
ECE. 1991. *Economic Survey of Europe 1990-1991*. Genebra: Comissão Económica das Nações Unidas para a Europa.
OIT. 1986. *Economically Active Population Estimates and Projections 1950-2025. Volume IV: América do Norte, Europa, Oceânia e URSS*. Genebra: Secretariado Internacional do Trabalho.
Anuário de Produção da FAO. Roma.
FMI, Base de Dados de Estatísticas sobre a Direção do Comércio, https://data.imf.org/regular.aspx?key=61013712 Banco Mundial, Base de Dados de Indicadores de Desenvolvimento Mundial, https://databank.worldbank.org/data/reports.aspx?source=world-development-indicadores
Boletim Mensal de Estatística. Nova Iorque: Nações Unidas.
Bolt, Jutta, e van Zanden, Jan Luiten. 2020. *Base de dados do Projeto Maddison. Maddison Style Estimates of the Evolution of the World Economy. Uma nova atualização para 2020*. Documento de trabalho do Projeto Maddison WP-15. Universidade de Groningen e Universidade de Utrecht, outubro de 2020. Disponível para descarregamento em:

https://www.ggdc.net/maddison/maddison-project/data/mpd 2020-10.xlsx
Mitchell, Brian R. 2003. *International Historical Statistics. Europe 1750-2000*. Basingstoke: Palgrave Macmillan.
Williams, Neville, Waller, Philip J., Rowett, John, e Dallek, Robert. 1996. *th Chronology of the 20th Century (Helicon History)*. Abingdon, Reino Unido: Helicon Publishing Ltd.
Comité do Kosovo. 2019. *Comité de Defesa Nacional do Kosovo*. Da Wikipedia, a enciclopédia livre. Recuperado em 27 de setembro de 2019, https://en.wikipedia.org/wiki/Committee_para_a Defesa Nacional do Kosovo
DFA. 2024. *Frente Democrática da Albânia*. Da Wikipédia, a enciclopédia livre. Recuperado em 21 de janeiro de 2024, https://en.wikipedia.org/wiki/Democratic Frente da Albânia
Sistema de produtos materiais. 2011. Da Wikipédia, a enciclopédia livre. Obtido em 14 de maio de 2011, http://en.wikipedia.org/wiki/Material Product System
Produto material líquido. 2011. Da Wikipédia, a enciclopédia livre. Recuperado em 22 julho de 2011, http://en.wikipedia.org/wiki/Net produto material
República de Mirdita. 2019. Da Wikipedia, a enciclopédia livre. Recuperado em 10 junho de 2019, https://en.wikipedia.org/wiki/Republic de Mirdita
The Conference Board. 2020. *TM Base de dados da economia total do Conference Board (versão ajustada)*. julho de 2020, https://www.conference-board.org/data/ economydatabase/

Em albanês
Vjetari statistikor i Shqiryrisë. Тигrë: Minisrtia e Ekonomise. Drejtoria e Statistikös.
Drejtoria e Stathistikyos. 1974. *30 vjet Schqiruri socialiste*. Tiranc': Mihal Duri.
DrejtOria e Stathistikyos. 1979. *35 vjet Schqiruri socialiste*. Tiranc': Mihal Duri.

Em servo-croata
Statisticki godisnjak Jugoslavije. Beograd: Savezni zavod za statistiku.

More Books!

I want morebooks!

Buy your books fast and straightforward online - at one of world's fastest growing online book stores! Environmentally sound due to Print-on-Demand technologies.

Buy your books online at
www.morebooks.shop

Compre os seus livros mais rápido e diretamente na internet, em uma das livrarias on-line com o maior crescimento no mundo! Produção que protege o meio ambiente através das tecnologias de impressão sob demanda.

Compre os seus livros on-line em
www.morebooks.shop

info@omniscriptum.com
www.omniscriptum.com

OMNIScriptum

Milton Keynes UK
Ingram Content Group UK Ltd.
UKHW031430011224
451755UK00001B/183